監修者――木村靖二／岸本美緒／小松久男／佐藤次高

［カバー表写真］
首相官邸前のチャーチル
（1943年）

［カバー裏写真］
チャーチルの描いた絵
（1915年，ブレナム宮蔵）

［扉写真］
レンガを積むチャーチル
（1928年，ケント州の自宅「チャートウェル」の庭で）

世界史リブレット人97

チャーチル

イギリス帝国と歩んだ男

Kibata Yoichi

木畑 洋一

目次

多くの顔をもつ男

一八七四年、世界は「帝国主義の時代」と呼ばれる時代に突入しようとしていた。このころから二十世紀の初頭にかけて、各地で植民地獲得競争が激化し、世界がいくつもの帝国によっておおわれ分割されるという様相が生じたのである。本書の主人公ウィンストン・チャーチル（一八七四〜一九六五）は、この年の秋に生を受けた。それから九〇年、一九六五年にチャーチルは逝去したが、それはちょうど「帝国主義の時代」に植民地化された地域が続々と独立をとげていく時代にあたった。チャーチルの生涯はまさに植民地支配の時代の盛衰と合致していたのである。

チャーチルは、第二次世界大戦期の首相としてイギリスの戦争を指導し、一九五〇年代前半にもふたたび首相を務めるなど、二十世紀のイギリスを代表する政治家であったが、そのほかにもさまざまな顔をもっていた。

まずは、文筆家としての顔である。そもそもチャーチルの名前が世に知られるようになったのは、政治家になる前、十九世紀末のイギリス帝国各地における戦争をめぐって彼が書いた本によってであったが、彼は政治の世界にはいってからも、折にふれて文筆活動に励み、多くの本を著した。「本を書くことぐらい面白いことはない。一緒に暮すようなもので、友達や仲間同然」であると、彼は執筆活動について語っている。そうした文筆活動で、首相であった一九五三年にノーベル文学賞を受賞している(もっとも、彼がほしかったのは文学賞ではなく、平和賞のほうだったという)。イギリスの政治家には筆の立つ人物が多く、例えばほかならぬチャーチルの伝記を書いたジェンキンス▲は二一冊もの本を書いているが、そうした人々とくらべても、チャーチルは執筆量、著作の質ともに出色の存在であった。

また、チャーチルは優れた雄弁家であった。政治家として出発した直後に議会での演説に失敗したことに懲りて、彼は演説のための草稿を入念に準備して、

校正作業中のチャーチル

▼ロイ・ジェンキンス(一九二〇〜二〇〇三)　イギリスの政治家。一九四八年に労働党の下院議員となり、六四年からのウィルソン労働党内閣では、内務相・蔵相を歴任した。七四年からのウィルソン内閣で再度内務相を務めたのち、七七年から八一年にかけてヨーロッパ共同体のヨーロッパ委員会委員長となった。八一年に労働党を離れ、社会民主党結成にあたって中心的役割を演じた。

●——チャーチルの演説風景（一九一五年九月）

繰り返し練習してから本番に臨んだという。

さらに、チャーチルはアマチュア画家でもあった。文筆家としての活動に比べ、チャーチルが絵筆を取り始めた時期は遅く、第一次世界大戦期であったが、穏やかな筆致の風景画などを得意とした。そうしたチャーチルに倣おうとする日本のアマチュア画家のグループ、チャーチル会は、一九四九年に結成されて以来、現在も日本各地で続いている。

チャーチルはまた、レンガ積みも趣味の一つとしていた(扉写真参照)。彼がそれにいつ関心をもつようになったかは、はっきりしないが、一九二〇年代後半の蔵相時代には、その趣味は人々に知られるようになっていた。

チャーチルが極めて忙しい毎日を送っていたことは不思議でない。さすがに老年期にはいって二度目に首相の座についたときは活力が衰えていたが、盛期における彼の活動ぶりはめざましかった。例えば一九三〇年代後半、要職を離れていたときでも、議会での活動に加えて、本や新聞への寄稿文の執筆などに忙しく、一週間で原稿二万語を書いたこともあるという。彼の秘書によれば、時間を一分たりとも無駄にすることをチャーチルはもっともきらったという。

●——**チャーチルの絵**　一九一五年夏に描かれた最初期のもの(色は裏表紙参照)。

●——**フランスで絵を描くチャーチル**

▼**「偉大なイギリス人」**　第二位は十九世紀前半に活躍した技術者のブルネルであり、第三位がダイアナ妃、第四位がダーウィン、第五位がシェイクスピアという順であった。

チャーチルの肖像が用いられた五ポンド紙幣

こうしたチャーチルの人気は、イギリスにおいて絶大なものがある。二〇〇二年にBBCが放送した「偉大なイギリス人」▲という企画では、電話と電子メールで投票した一五〇万人にのぼる視聴者が第一位の人物として選んだのが、チャーチルであった。二〇一六年秋頃からは、彼の肖像が新しい五ポンド紙幣に用いられることになっている。

したがって、彼の息子のランドルフ・チャーチル（彼の父と同名である）によって着手され、ランドルフの死後歴史家マーティン・ギルバートが書き継いだ八巻にのぼる浩瀚《こうかん》な伝記をはじめ、極めて多くの伝記や研究書が書かれてきたことは不思議でない。

日本においても、鶴見祐輔（三六頁上段解説参照）による伝記（一九五八年刊）や、山上正太郎による『ウィンストン・チャーチル――二つの世界戦争』（一九六〇年刊）といった作品がチャーチルの存命中に書かれ、さらに定評のある伝記として、河合秀和『チャーチル――イギリス現代史を転換させた一人の政治家』（一九七九年刊、一九九八年に増補版）が、長く読み継がれている。また最近では、彼に魅せられた現役外交官がリーダーとしての資質に重点をおいて書いた、冨田浩司『危機の指導者チャーチル』(二〇一一年刊)というチャーチル論も出されている。

チャーチルという人物の詳しい伝記的事実については、これらの本を参照していただくとして、本書では、イギリス帝国との関わりを軸として、彼の生涯をたどってみたい。世界の陸地の四分の一を支配したイギリス帝国の展開と解体の軌跡を、この類《たぐい》まれな政治家をとおして改めて考えてみるのが、本書の主題であるということもできよう。

①—帝国主義者の誕生

幼少期と帝国世界

ウィンストン・チャーチルは、一八七四年十一月、イギリス保守党の政治家ランドルフ・チャーチルの長男として、オクスフォード郊外のブレナム宮と呼ばれる広大な宮殿で誕生した。この宮殿は、十八世紀初めのスペイン継承戦争でのフランス軍に対する勝利に貢献した初代マールバラ公爵のために建てられたもので、ランドルフの父は第七代公爵であった。チャーチルは、まぎれもないイギリスの支配階級の一員として、この世に生を受けたのである。父ランドルフは、当時二五歳、その年の初めの下院議員選挙で保守党議員として初当選し、政治家としての道を歩みはじめたばかりであり、四月には前年に出会って見染めていたアメリカ人女性ジャネット(ジェニーと呼ばれた)と結婚していた。結婚後七カ月半での長男の誕生は、「早産」として新聞で告知されることになった。

すでに述べたように、チャーチルが生まれたとき、世界は「帝国主義の時

●——**ランドルフ・チャーチル**（一八四九〜九五）「トーリー（保守党）民主主義」の担い手として、保守党による社会改革を推進しようとした。

●——**ジャネット**（一八五四〜一九二一）　知性に富んだ女性で、チャーチルの養育は乳母にまかせたが、彼とは強い絆で結ばれる存在となった。

●——**ブレナム宮**

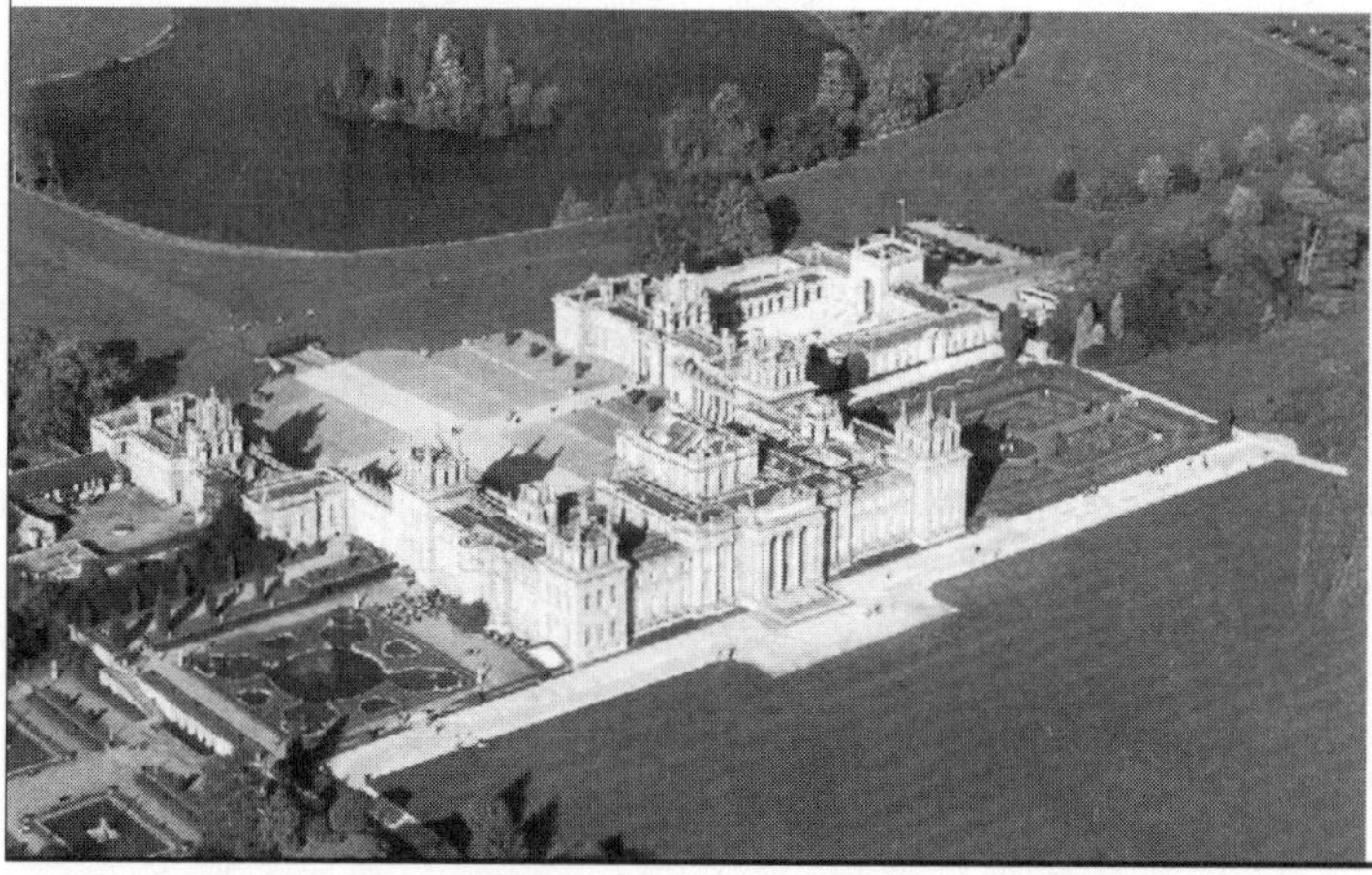

代」を迎えようとしていた。一八七三年に起こったウィーン証券市場での証券価格暴落の影響が世界に波及して大不況と呼ばれる状況が広がるなか、ヨーロッパ諸国がアフリカ大陸などにおける植民地獲得競争に乗り出す動きが始まっていたのである。

植民地獲得競争は、経済面や政治面でのさまざまな要因によって起こった。経済的には、大不況のもとで、企業の集中化が進んだり、銀行資本の役割が大きくなったりした結果、資本の投下先や製品の輸出市場、原材料の供給地を求める動きが強まったことがあげられる。政治的には、諸国の競合のなかで自国の地位の向上や外交面での優位を、領土獲得によって実現しようとする動機が働いた。

一八七六年にベルギー国王レオポルド二世▲がアフリカ探検・文明化国際協会を設立したのは、植民地獲得競争の本格化を象徴するできごとであった。イギリスとフランスがエジプトでの支配権を争った結果、八二年にイギリスがエジプトの実質的支配を始めたこと（形式上はエジプトはオスマン帝国の領土であり続けた）、八〇年代にはいってアフリカでの領土獲得への関心を急に強めたドイ

▼レオポルド二世（在位一八六五～一九〇九）　父レオポルド一世のあとを継いで即位し、ベルギーの防衛力強化などに力を注いだ。隣国オランダのジャワ支配に刺激されて、即位前から植民地獲得に強い関心をもち、セイロン島や中国にまで旅をして植民地化の可能性を探った。

▼オットー・フォン・ビスマルク（一八一五～九八）　ドイツの政治家。一八四八年革命のさい、保守派のなかで頭角をあらわし、六二年にプロイセン首相に就任後、プロイセン主導下のドイツ統一を推進した。プロイセン・フランス戦争での勝利により、統一ドイツの宰相となった。当初は植民地獲得に関心がないという姿勢をとっていたが、八〇年代にはいってその姿勢を転換した。皇帝ヴィルヘルム二世と対立して九〇年に辞任した。

▼ベルリン会議　西アフリカでの自由貿易問題などを中心的議題として開かれ、米国を含む一四カ国が参

ツ宰相ビスマルク▲の呼びかけによって、八四年から八五年にかけてアフリカをめぐるベルリン会議▲が開かれたことなどによって、列強によるアフリカ大陸の植民地化は進んでいった。さらに、チャーチルが誕生する直前の七四年十月に太平洋の島フィジーがイギリスの植民地とされたことをはじめとして、太平洋やアジアでもヨーロッパ諸国の植民地はまたたくまに広がっていった。

　このようにして競合する帝国によって分割され、支配する国々と支配される国・地域に大きく分かれていった世界の仕組みは、帝国主義世界体制（帝国世界）と呼ぶことができる。チャーチルは、いわば帝国世界とともに生まれ、育っていったのである。

　チャーチルの祖父、第七代マールバラ公爵は、この帝国主義の時代のなかで、一八七六年以降、第二次ディズレイリ▲保守党内閣におけるアイルランド▲総督を務めた。アイルランドは、一八〇一年にイギリスと合同（ユニオン）し、イギリスの内部の地域となっていたものの、植民地的性格が強く、イギリスからの自立を求める民族主義運動が強まっていた。父ランドルフが祖父の秘書としてアイルランドに赴いたのにともない、チャーチルも幼少期をそうした状況下のア

加した。この会議では、ある地域の領有を始めた国が、それについて他国に通告することにより領有の正当性を確保するという、アフリカ分割の方法についての原則も確認された。

▼ベンジャミン・ディズレイリ（一八〇四〜八一）　イギリスの政治家。一八三七年にトーリー（保守党）の下院議員となり、三度にわたって蔵相を務めたのち、六八年に首相に就任したものの、アイルランド国教制廃止問題を軸とした総選挙で敗れて退陣した。しかし七四年にふたたび首相となり、七五年にはスエズ運河株式会社の株を購入、七六年にはヴィクトリア女王をインド女帝とするなど、イギリス帝国の強化に腐心した。

▼アイルランド　中世以来イギリスの植民地的性格をもっていたが、とくに十七世紀のオリヴァー・クロムウェルによる侵攻以後、イングランドへの従属度を深めた。十八世紀末には、アメリカ独立戦争やフランス革命の影響下で、ユナイテッド・アイリッシュメンによる反英武装蜂起が試みられたものの、失敗した。

イルランドで過ごすことになった。一九三〇年に出版した回想記『わが半生』の冒頭で、彼は、「私の最初の記憶はアイルランドだ。私はアイルランドのさまざまの情景、出来事を今でも、はっきり思い出せるし、人々の顔すら、朧気《おぼろげ》なのもあるが、覚えている」(中村祐吉訳)と記している。

チャーチルのアイルランド生活は七九年に終わりを迎えた。その後、父ランドルフはイギリス政界において保守党の若い星として頭角をあらわし、八五年には第一次ソールズベリ▲保守党内閣でインド担当相の地位についた。インドがイギリス帝国の要となる植民地であったことはいうまでもなく、ランドルフのインド相時代は短期であったが、ここでもチャーチルの子ども時代の環境は帝国世界と関わることになった。

アイルランドから戻ると、チャーチルはパブリック・スクール▲にはいる準備をする子どもたちのための予備校に送られた。こうした学校はパブリック・スクール同様寄宿制であり、子どもたちは生活全般を監督されたが、最初の学校は、鞭《むち》打ちなど過度の厳しいしつけをおこなうところで、チャーチルはそこでの生活が嫌でたまらなかった。その結果、健康まで損なってしまい、ほかの学

▼ソールズベリ卿(ロバート・ガスコイン・セシル、一八三〇〜一九〇三) イギリスの政治家。一八五三年に保守党下院議員となり、六八年からは上院議員となった。インド相と外相を務めたのち、八五〜八六年一月、八六年七月〜九二年、九五年〜一九〇二年の三たび首相を務めた。

▼パブリック・スクール イギリスの上流家庭の子どもを教育するための全寮制の私立学校。

▼『宝島』 イギリスの小説家ロバート・ルイス・スティーヴンソン(一八五〇〜九四)の代表作で、ジム・ホーキンズという少年が、海賊一味の隠した財宝をみつけだすため孤島に行く冒険談。

▼ジョージ・アルフレッド・ヘンティ(一八三二〜一九〇二) イギリス

の小説家。少年向けに、イギリス帝国への関心を深め、冒険心を強めるような数多くの作品を書いた。『クライヴとともにインドで――帝国の始まり』といったタイトルからその内容をうかがうことができる。

▼**『ソロモン王の洞窟』**　イギリスの小説家ヘンリー・ライダー・ハガード(一八五六～一九二五)の代表作で、ソロモン王の時代からアフリカの奥地に隠されてきた財宝を、一枚の地図だけを頼りに探し出そうとするイギリス人冒険家の物語。

▼**ジェイムズ・ウェルドン**(一八五四～一九三七)　ハロー校の校長を一八八五年から九八年まで務めた。

校に移ることになった。『わが半生』によると、この新しい学校での生活の「印象はいつまでも、私の心に楽しい思い出となって残り、前の学校生活と強い対照をなしている。」

　こうした予備校生活のなかで、チャーチルは読書に励んだ。彼が読んだ本には、スティーヴンソンの『宝島』や、ヘンティの描く軍事的な冒険談、さらにハガードの『ソロモン王の洞窟』などが含まれていた。こうした作品は、彼にかぎらず当時のイギリスの子どもたちによって非常によく読まれており、彼らの帝国への関心をかきたてるうえで大きな力をもっていたのである。

軍人としての出発

　予備校を終えたチャーチルは、一八八八年に名門パブリック・スクールであるハロー校に入学し、ハロー校を終えたあとは、陸軍士官学校用の予備校に半年かよい、九三年にサンドハーストの陸軍士官学校騎兵科に入学した。

　ハロー校のウェルドン校長は、帝国統治の熱心な鼓吹者であった。また、ハロー校の上級生として、レオポルド(通称レオ)・エイマリがおり、彼と知り合ったことも特記しておかねばならない。エイマリは、一九二四年から二九年にかけては植民地担当相、四〇年から四五年の間は首相となったチャーチルのもとでインド・ビルマ担当相を務めることになる人物である。

ハロー校でのチャーチルは成績も芳しくなく、学校生活を楽しんだとはいえなかったが、サンドハースト時代（イギリス軍のエリートを育てた陸軍士官学校は所在地のサンドハーストがその代名詞となっていた）には、もともと戦争好きの子どもであった彼は、厳しい訓練に耐えつつ、戦争に関する勉強に打ち込んだ。『わが半生』のなかで、サンドハースト時代に考えたことを彼は次のように回想している。

もう百年早く生れておれば、どのくらいすてきな時代に遭えたことだろう。――仮に一七九三年、十九歳であったとすれば、ナポレオン相手に二十年は戦争できたのに。ところがそれがすべてすんでしまった。英国陸軍は、クリミア戦争以後、白人と砲火を交えたことはなく、今や世界はますます利口に平和的に――またデモクラチックにさえ――なり、あの盛時はすぎ去ってしまった。ただ幸せなことには、粗野で無作法な人々が残っている。

ズールー人▲、アフガン人▲、それにスーダンのダーヴィッシュ人▲がおる。

こうした考えをいだいていたことを考えれば、一八九五年にサンドハーストを修了後、彼がイギリス軍にそのままはいっていったのは、ごく自然であったといえよう。

しかし、彼が軍人の道で満足するつもりでないことも、このころからはっきりしてきていた。彼がサンドハーストを卒業する直前の一八九五年一月、父ランドルフが亡くなった。ランドルフは、梅毒に犯されて、順風満帆であるかにみえた政治家としてのキャリアをすでに失っていたが、おそらくはその死に促されるかたちで、政治家になる気持ちがチャーチルのなかで強まってきたのであろう。

一八九五年の秋、チャーチルは長期休暇をとって、支配者であるスペインに対する反乱軍によって内戦が繰り広げられていたカリブ海のキューバに、一人の友人と赴いた。戦争をじかに観察するためである。そこで二人はスペイン軍とともに行動することを許され、反乱軍による銃火にさらされるという事態にも遭遇した。チャーチルにとっての初めての戦争体験であった。

▼ズールー人　南アフリカの先住民で、一八七八〜七九年にはイギリスと戦い、イサンドルワナの戦いでいったん優位に立ったものの、結局はイギリスに敗北した。

▼アフガン人　アフガニスタンの住民で、十九世紀には、一八三八〜四二年と七八〜八〇年の二度にわたってイギリスと戦った。第二次戦争ではイギリスの損害も大きかったが、結局イギリスが勝利し、アフガニスタンを保護国とした。

▼ダーヴィッシュ人　ダーヴィッシュ（デルヴィーシュ）は、もともと清貧を重んじるイスラームの乞食僧を意味するが、ここではスーダンで一八八〇年代から反英闘争を展開していたマフディー運動（二一頁参照）の人々を指す。

インドでのイギリス人（一九〇〇年）
インド人にかしずかれるイギリス人。

▼**インド大反乱**　セポイ（シパーヒー）の乱とも呼ばれる。セポイ（シパーヒー）とは、一八五七年当時、インド統治を委ねられていたイギリス東インド会社軍のインド人傭兵のことで、彼らの反英反乱が広範な地域に拡大し、農民、さらに領主層まで巻き込む大規模な反乱となった。

彼は、このキューバでスペイン人と接するなかで、スペイン人がキューバについて語る様子はイギリス人がアイルランドについて語る様子と同じであるという印象をいだいた。アイルランドはイギリスという国家の内部に取りこまれていたが、実質的にはイギリスの植民地であり、イギリス人がアイルランド人をみる視線は、植民地宗主国（スペイン）の人々が植民地（キューバ）の人々を眺める視線と重なりあっていたのである。

インド体験

キューバ行きは休暇をとっての旅であったが、そこから戻ったあと、一八九六年に今度は所属していた連隊のインド配備によって、チャーチルはイギリス最大の植民地インドに赴くことになった。彼自身はもともとインド行きに熱心ではなかったが、南インドのバンガロールでの駐屯を始めると彼はインドでの軍隊生活をおおいに活用した。

イギリスのインド支配は、十八世紀半ばから本格化していた。当初イギリス東インド会社による統治がおこなわれていたが、一八五七年のインド大反乱▲鎮

●イギリス帝国（一九〇一年）

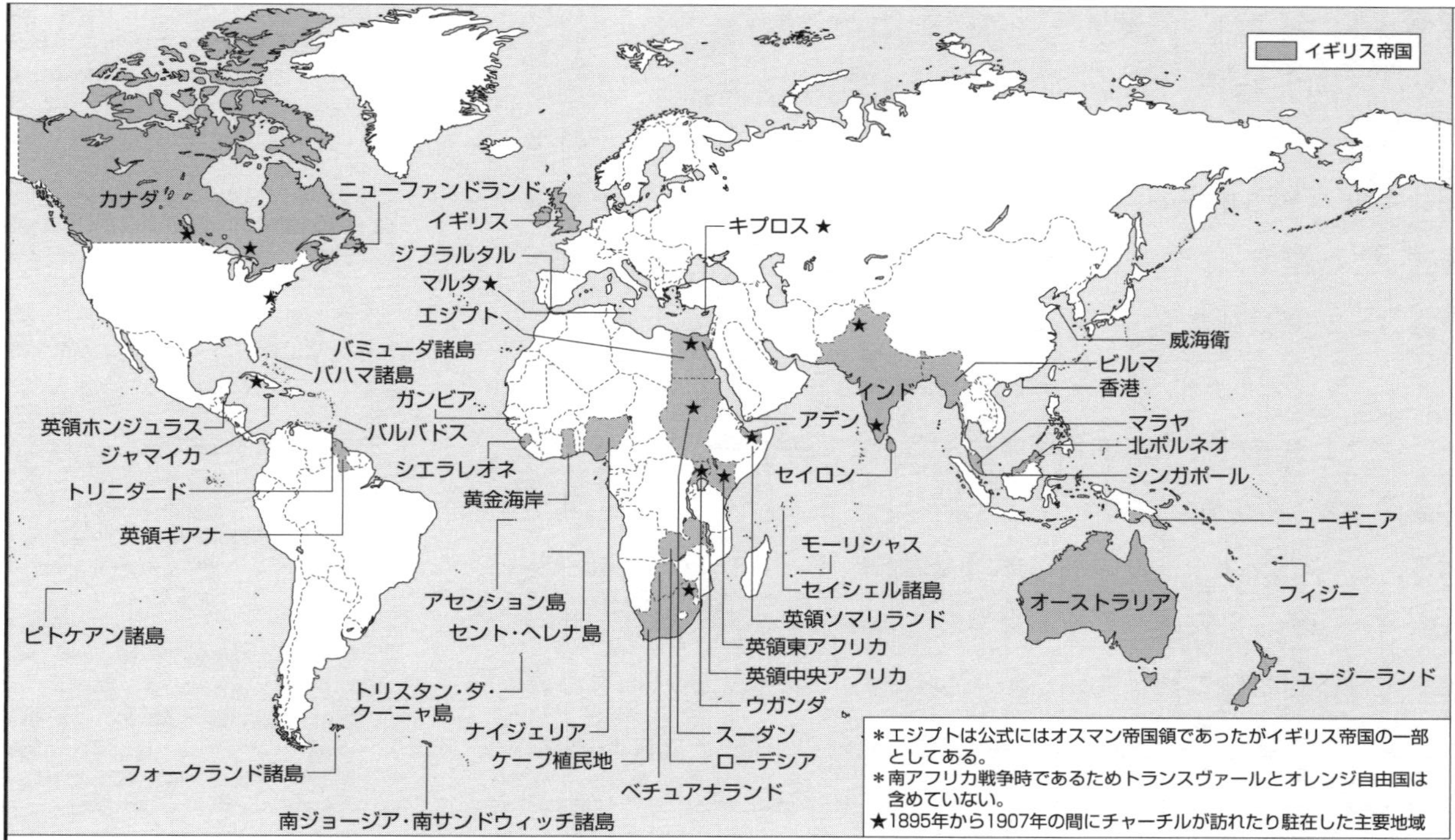

＊エジプトは公式にはオスマン帝国領であったがイギリス帝国の一部としてある。
＊南アフリカ戦争時であるためトランスヴァールとオレンジ自由国は含めていない。
★1895年から1907年の間にチャーチルが訪れたり駐在した主要地域

圧のあと、イギリス政府による直轄統治がなされるようになり、七六年には時の首相ディズレイリの肝入りによって、ヴィクトリア女王▲がインド女帝となる(即位宣言は七七年)など、支配の体制固めがなされていた。決して盤石とはいえないまでも、イギリスによるインド支配が最高潮に達している時期に、チャーチルはインドの空気を吸ったのである。支配者の一員として彼が恵まれた生活を送ったことは、一介の若手将校にすぎなかった彼が、一人の執事、二人の下僕、持ち馬のための一人の馬丁を与えられ、さらに二人の庭師、三人の水運び人、四人の洗濯係、一人の夜警を他の将校と共有していたという、私たちにとっては信じられないような状態に示されている。

こうした恵まれた環境のなかで、チャーチルは軍隊生活の単純なリズムには退屈しつつ、読書に励んだ。読書対象のなかには、帝国という問題についての古典であるギボンの『ローマ帝国衰亡史』▲、十九世紀のイギリスを代表する歴史家でインド統治にも関わったマコーリー▲の著作、アフリカ問題にもつうじた思想家リード▲の本などがあった。さらに、年々世界で生起したことを記録した『アニュアル・レジスター』という一見無味乾燥な本にも読書時間を割いてい

▼ヴィクトリア女王(在位一八三七〜一九〇一)　彼女の治世「ヴィクトリア時代」は、イギリスの最盛期と重なり、イギリスの栄光と繁栄を象徴する君主となった。九人の子どもをもち、家庭の主婦の模範とされることも多かった。ディズレイリは、彼女がもっとも信頼を寄せた政治家であった。

▼エドワード・ギボン(一七三七〜九四)**の『ローマ帝国衰亡史』**　古代ローマ帝国の最盛期から十五世紀の東ローマ帝国滅亡までを対象として、ローマ帝国の歴史を論じた古典的名著。

▼トマス・マコーリー(一八〇〇〜五九)　イギリスの政治家・歴史家。一八三〇年からホイッグ(自由党)の下院議員を務めたほか、インド統治にも関わって高等教育の英語化を唱えて大きな影響力をもった。歴史家としての彼の著書『イングランド史』は非常に広く読まれた。

▼ウィンウッド・リード(一八三八〜七五)　イギリスの探検家・哲学者。南アフリカや西アフリカを探検

る。彼は、そこに書かれている問題に自分ならどう取り組むかを考えていたのである。

　インドでの生活、旺盛な読書をつうじて、チャーチルは彼なりの帝国観をかためていった。ある研究者はそれを「文明化の帝国」と呼んでいる。優れた文明をもつ国が劣った人々を支配することは当然であり、支配国の側の文明は帝国統治によってますます高まり、支配される側の文明度も文明国によって支配されることによって引き上げられていく、という帝国の姿である。イギリスの植民地のなかでも、白人移住者が住むカナダやオーストラリアなどは、イギリスと同等に近い存在であるが、インドのような国はイギリスとは文明度がはるかに異なる劣等国である。それでも、彼らの文明を向上させることはできるし、イギリスにはその使命がある、と彼は考えた。「文明化の使命」論と称せられる当時広くみられたこうした考え方を、チャーチルはしっかりと身につけたのである。

　一八九七年に休暇でインドから帰国したさい、バースのプリモローズ・リーグ▲における演説で、チャーチルは、多くの人が、帝国はすでに頂点に達し、こ

して、『アフリカン・スケッチブック』などの本を書いた。チャーチルが読んだ『人間の苦難』は、合理主義の立場からの激しいキリスト教批判で論議を呼んだ。

▼プリモローズ・リーグ　一八八三年に、チャーチルの父ランドルフなどによって設立された組織で、「トーリー（保守党）民主主義」の考え方を広めて、保守党の支持基盤を拡大することを目的とした。帝国体制の維持も、その中心課題の一つであった。会員数は一八九〇年代には一〇〇万人をこえた。

れからはローマ帝国のように没落の道が待っていると思っているかもしれないが、イギリスの使命は弱まることなく続いているのであり、こうした見方をする悲観論者に惑わされるべきではないと論じた。そして「わが人種の力と活気は衰えることがなく、父祖からひきついだ帝国を保持していくことを、われわれは決意している」と強調した。

三つの戦争

この休暇の間に、インドの北西部の山岳地帯で遊牧民による反乱が起こったという知らせに接したチャーチルは、望んでいた戦争参加の機会が生じたとみて、反乱鎮圧のために編成された軍隊への入隊を試みた。彼の希望は、まず新聞の特派員として受け入れられるというかたちで満たされ(『カルカッタ・パイオニア』紙の特派員となり、イギリスの『デイリー・テレグラフ』紙にも記事を送った)、さらに野戦軍の死傷者のあとを埋めるかたちで、実際の戦闘員にもなることができた。彼はまもなく、バンガロールの自らの連隊への帰隊を命じられたが、その後、新聞への寄稿文をもとに『マラカンド野戦軍の話』という書物をまとめた。自らが関わった戦争について本を出すというチャーチルの行動パターンが最初に示された例である。

この戦争は、支配する側にとってはごくかぎられた規模の戦争であっても、支配され抵抗する側は総力をあげて戦い、弾圧による被害も広い範囲の住民におよぶという、植民地戦争の特質をよく示す戦争であった。第一次世界大戦や第二次世界大戦を特徴づけた総力戦▲の先駆的形態が帝国主義の時代の植民地での戦争にみられたと論じられることがあるが、まさにそのような戦いだったのである。

その後イギリスに戻ったチャーチルは、一八九八年夏、亡父のつてを用いて、スーダンで進行中の戦争に参加することになった。スーダンでは、八一年にイスラームの救世主(マフディー)であると宣言したムハンマド・アフマド▲がイギリスとエジプト▲に対する武力反乱を起こしていた。マフディー運動と呼ばれるこの反乱は、ムハンマド・アフマドが八五年に死んだあとも続き、国家ともいえる体制を築くにいたっていたのである。この運動に対するイギリス軍の戦争に加わるべくスーダンに赴いたチャーチルは、マフディー国家の最終的壊滅を

▼総力戦　交戦国において、軍事力だけでなく、国の経済力・技術力が戦争遂行のためにあまねく動員され、そのような動員を可能にするような国内の政治的結集が実施されていく戦争。

▼ムハンマド・アフマド(一八四四〜八五)　スーダンの宗教・政治指導者。一八八一年に、自らはマフディー(正しく導かれた者という意味でイスラームの救世主を指す)であると名乗って、スーダン自立のための武装反乱を開始し、八五年にハルトゥームを制圧したが、同年急死した。

▼スーダンにおけるイギリスとエジプト　スーダンは、十九世紀にはいってエジプトの統治下におかれていたが、イギリスによるエジプトの実質的支配が一八八二年に始まり、イギリスとエジプトが共同して支配するというかたちになった。

もたらしたオムドゥルマンの戦いという有名な戦闘に参加することになった。この戦いでは、イギリス・エジプト軍の死者数が四七人であったのに対し、マフディー軍側の死者が一万人を上回る結果となり、帝国主義の時代における力の不均衡があらわに示された。

チャーチルは、この戦争についても、『河畔の戦争』という本を出版した。そこでは、帝国支配がもつ使命が次のように述べられている。

戦う諸部族に平和をもたらすこと、暴力のはびこるところで公正な統治をおこなうこと、奴隷から鎖を断ち切ること、土地から豊かさを引き出すこと、商いと学びの最初の種をまくこと、彼らが楽しむ力を全体として増し、苦しみの機会を減らすこと――人間の努力を促すうえでこれよりも美しい理想やこれよりも貴重な報酬があるだろうか。その行為は徳に満ち、その実践は人を力づけ、その結果はしばしばきわめて有益である。

さきにみたように、軍人を生涯の仕事とは考えなくなっていたチャーチルは、こうして二つの戦争を経験したあと、九九年春に陸軍を去り、同年六月の下院補欠選挙に保守党から立候補した。政治家としてのキャリアの開始であったが、

●――インドでのチャーチル

●――カイロでのチャーチル

スーダンに赴く途上の写真。

それは落選というかたちで失敗に終わった。ところが、その傷も癒えぬ間に、また彼の関心を強く引く戦争が勃発した。南アフリカ戦争（第二次ブール戦争）である。

南アフリカでは、十七世紀半ば以降、オランダ人入植者の子孫（ブール人・アフリカーナー）▲が、先住アフリカ人を支配してケープ植民地を築いていたが、十九世紀初め、ナポレオン戦争期にイギリスがケープの支配権を奪った。その後アフリカーナーが北方に移動してからも彼らとイギリス側の競合は続き、とりわけ彼らがつくったトランスヴァール共和国▲、オレンジ自由国▲で、金やダイヤモンドが産出することが明らかになってから、イギリス側の支配欲はさらに強まった。一八九九年十月に始まった南アフリカ戦争は、そうした競合のはてに戦われることになった戦争であり、イギリス側は農民が主体であるアフリカーナーには容易に勝てるものと思っていた。しかし、実際にはアフリカーナーの抵抗▲は執拗《しつよう》であり、戦いは一九〇二年になってようやく終わりを告げた。

この戦争に、チャーチルは『モーニング・ポスト』紙の従軍記者として参加した。しかし、南アフリカに着いた直後に、彼が乗っていた列車が敵軍の待ち

▼ブール人・アフリカーナー　ブール（ボーア）とはオランダ語で農民を意味する。オランダから南アフリカへの入植者の多くが農民であったことから、彼らはブール人（ボーア人）と呼ばれるようになった。しかし、イギリスとの競合が激化するなかで、民族的結集を強めるという目的もあって、「アフリカ生まれ」という意味のアフリカーナーという呼称がそれにとってかわっていった。

▼トランスヴァール共和国　北方に移動したアフリカーナーが一八五二年につくった国。七七年にイギリスに併合されたが、八一年に独立を回復した。八五年には金鉱脈が発見された。

▼オレンジ自由国　アフリカーナーが一八五四年につくった国。六七年にダイヤモンドが発見された。

▼アフリカーナーの抵抗　南アフリカ戦争の初期には、アフリカーナーのほうが軍事的に優勢であった。とくに、マフェキングという都市ではイギリス軍がアフリカーナー軍に七カ月以上包囲されるという事態が

伏せに遭い、捕虜になってしまった。そのとき彼を捕虜にしたアフリカーナー側の司令官が、のちに南アフリカの指導者となり、第一次世界大戦期にはドイツ領南西アフリカでのイギリス軍の対独作戦を指揮したボータ▲であった。

チャーチルは、捕虜収容所に収容されたが、脱走を試み、幸運に恵まれて、隣接するポルトガル領モザンビークへの脱出に成功した。この劇的な行動によって、彼の名は一躍世界に広がることになる。例えば日本でも、十一月二十日の紙面で「新聞従軍記者ウインストン、チャーチル氏も所在不明」と報じていた『東京朝日新聞』は、十二月二十五日にはその無事についての報道をおこなっている。

チャーチルはこのあとも南アフリカにしばらくとどまり、今度は将校として軍務についたが、イギリス軍の苦戦状態が一段落したところで、南アフリカを去ることにした。帰国後、この戦争についても、『モーニング・ポスト』紙へ送った従軍記にもとづいた二冊の本(『プレトリア経由でロンドンからレディスミスへ』『イアン・ハミルトンの進軍』)を著している。


続いた。一九〇〇年五月にマフェキングが解放されたときには、イギリス中が喜びにわいた。

▼**ルイ・ボータ**(一八六二〜一九一九) 南アフリカの政治家。南アフリカ戦争ではアフリカーナー側の軍事的英雄の一人とみなされたが、戦後はイギリスとの協調姿勢を示し、一九一〇年にイギリスの自治領として南アフリカ連邦が成立すると、その初代首相となった。

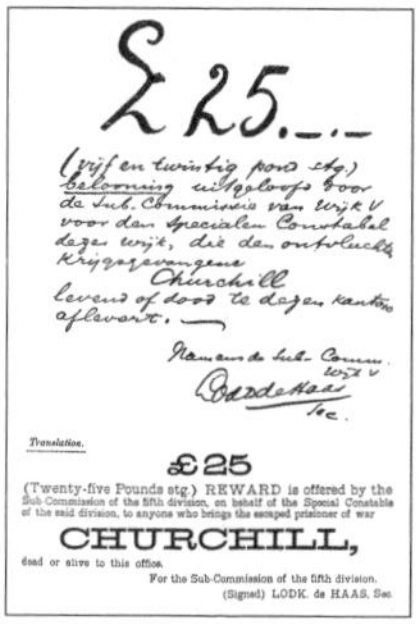
£25.—.—
(vijf en twintig pond stg.) belooning uitgeloofd door de Sub. Commissie van Wijk V voor den Specialen Constabel dezer wijk, die den ontvluchte Krijgsgevangene Churchill levend of dood te dezen kantore aflevert.—
Namens de Sub. Comm. Wijk V
[signature] Sec.

Translation.

£25

(Twenty-five Pounds stg.) REWARD is offered by the Sub-Commission of the fifth division, on behalf of the Special Constable of the said division, to anyone who brings the escaped prisoner of war

CHURCHILL,

dead or alive to this office.

For the Sub-Commission of the fifth division.
(Signed) LODK. de HAAS, Sec.

脱走したチャーチルの捕獲にかけられた賞金を示すビラ

▼**一九〇〇年下院選挙**　南アフリカ戦争の戦局がイギリス軍に有利なかたちに変わってきた状況を利用して、下院が解散され、一九〇〇年十月に選挙がおこなわれ、与党保守党が勝利をおさめた。陸軍の軍服がカーキ色であったため、陸軍の勝利に便乗した選挙としてカーキ選挙と呼ばれた。

▼**ジョゼフ・チェンバレン**(一八三六〜一九一四)　イギリスの政治家。実業家出身で一八七六年から自由党の下院議員となった。八六年、グラッドストーン内閣の地方厚生相だったとき、アイルランド自治法案に反対して自由党を離れ、自由統一党を結成して保守党と合流した。九五年には保守党内閣の植民地相に就任し、南アフリカ戦争の遂行にあたった。

②—政治家としての台頭

政治家チャーチルの誕生

南アフリカからイギリスに戻ったチャーチルは、一九〇〇年秋におこなわれた下院選挙▲において、保守党から立候補し、当選した。この選挙では、南アフリカ戦争が争点となったが、南アフリカでの彼の冒険譚は広く知られるところとなっており、彼は戦争支持派の代表的な候補者として票を集めたのである。選挙結果全体としても、戦争支持を基調とする保守党が四〇〇を上回る議席を獲得し、一八〇余議席の自由党をはるかに上回る議会勢力となった。

しかし、チャーチルの保守党議員としての活動は長くは続かなかった。保守党の有力政治家であったジョゼフ・チェンバレン▲が、それまでのイギリスの貿易政策の基本であった自由貿易の原則を放棄して、植民地以外の外国産食糧や外国工業製品に関税を課する保護貿易政策への転換を求めて関税改革運動(チェンバレン・キャンペーンと呼ばれた)を本格化したことに反対して、一九〇四年春に保守党を去り、自由貿易の主張でまとまっていた自由党に移籍したのである。のちにみるように、第一次世界大戦後、彼はまた保守党に戻ってくることになるが、ここから二〇年におよぶ自由党政治家としての活動が始まった。

　チェンバレン・キャンペーンにチャーチルが反対したのは、帝国特恵制度▲が実施されると、イギリス帝国を世界に対して経済的に閉ざしていくことになると考えたためであった。彼は帝国の強さが人々の繁栄と密接に結びついているという社会帝国主義的な考え方▲を強くいだいていた。軍人から政治家に転身したこのころのチャーチルが好んで使った表現に、「帝国と自由 Imperium et Libertas」がある。これは、さきにふれたプリモローズ・リーグのモットーでもあった言葉であるが、帝国の繁栄と帝国の人々の自由とが結びついているという信念をあらわしていた。チャーチルは、イギリス帝国がまとまりをもっているのは、軍隊などの力によるものではなく、「高貴で進歩的な原則によってたがいに結びついている自由な人々の同意に基づいているからである」として、自由貿易の放棄はそうした帝国の姿を損なうものであると考えたのである。

▼帝国特恵制度　イギリス帝国内部の貿易を促進することを目的として、イギリス・自治領・植民地が、相互に有利な関税を認め合うとともに、帝国外部の諸国との貿易に差別的な高関税を課す制度。

▼社会帝国主義的な考え方　労働者階級などの不満から生まれる社会不安を解消し、繁栄を確保していくために、帝国支配による利益が大きな役割を演ずるとする考え方。

自由党内閣での活動

チェンバレン・キャンペーンで党内に分裂が生じた保守党は、一九〇五年暮れに自由党に政権を譲った。自由党を政権につかせることで自由党内にも対立を生じさせれば、来るべき下院選挙を有利に戦えると思ったからである。この自由党政権で、チャーチルは植民地省の政務次官に就任し、その資格で一九〇六年初めの選挙を戦った。

この選挙での争点の中心は自由貿易問題であったが、それ以外にも帝国政策に関わる問題として、南アフリカにおけるいわゆる「中国人奴隷問題」も争点となった。南アフリカ戦争後労働力不足が顕著となった南アフリカの金鉱山に中国から導入した契約労働者たち▲が、奴隷に等しい扱いを受けているとして、それに関わった保守党批判の有力な武器とされたのである。チャーチルは、関税改革批判と中国人労働者問題批判とを結びつけ、「何百万人の人々には高価な食料、百万長者には安い労働力」というのが保守党の政策の帰結であると指摘した。

チャーチルはこの選挙でふたたび当選をはたし、植民地省政務次官として、

▼**中国からの契約労働者**　南アフリカの金鉱山は大量の労働者を必要としたが、南アフリカ戦争が終わると、それまで労働者を提供していた近隣地域からのアフリカ人徴募が、賃金の低さなどのために困難になった。それにかわる低賃金労働力の供給元として中国が着目され、一九〇四年から〇六年までの間に六万四〇〇〇人近くの中国人労働者が導入された。

▼**マハートマ・ガンディー**（一八六九〜一九四八）　インドの政治家。イギリスに留学して弁護士となり、南アフリカで在住インド人の権利擁護の活動をおこなうなかで、民族運動家としての頭角をあらわした。一九一五年にインドに帰国し、第一次世界大戦後は、国民会議派の指導者としてイギリスからのインド独立を求める民族運動を率いた。第二次世界大戦期には、独立の早期実現を要求し続けて、イギリスへの戦争協力をかたく拒んだ。四七年のインド独立実現の翌年、狂信的なヒンドゥー教徒によって暗殺された。

南アフリカ問題に力を注いだ。中国人労働者問題をめぐっては、それにかえてインド人労働者を導入することも考えたが、それは実現するにいたらなかった。南アフリカにはすでにインド人が多く移民してきており、トランスヴァールではむしろインド人移民の制限策がとられようとしていた。のちにインド独立運動の柱となるガンディー▲は、当時南アフリカでのインド人の権利を守るために弁護士として活動していたが、それに反対すべくロンドンにやってきて、短時間ではあるがチャーチルと会っている。インドというイギリス帝国の要の地をめぐって、正反対の立場に立つことになる二人の最初にして最後の出会いの機会であった。

　南アフリカをめぐってチャーチルが力を注いだのは、たがいに戦ったイギリスとアフリカーナーが協力して、そこに責任政府をすみやかに樹立することであった。選挙後一九〇六年春の議会演説で、彼は次のように述べている。

　南アフリカにおけるイギリスの権威は、二本の足［イギリス系とアフリカーナー］で立っていると考えねばならぬ。野党諸君は、この一〇年間、たった一方の足でこれを成し遂げようと骨を折ってきた。だがそこで明らかになったのは、南アフリカにイギリスの優位を存続させるのなら、オランダ人の同意のもとにそうあらねばならぬ、ということである。

アフリカーナーとの協力のもとに、南アフリカでのイギリスの支配力をかためていこうとするこの考えは、チャーチルが植民地省を離れたあと、一九一〇年におけるイギリス帝国内自治領▲としての南アフリカ連邦の成立によって実現した。

ここで注意しておくべきことは、南アフリカにおけるイギリス人とアフリカーナーの協力が、南アフリカに住むそれ以外の人々、とりわけ先住アフリカ人に対する白人による支配体制の強化を意味したことである。第二次世界大戦後にアパルトヘイト▲として制度化していくことになる人種差別・人種隔離の仕組みがすでに明確になっていったのである。

イギリス人とアフリカーナーの協力による南アフリカ建設を唱導したチャーチルの視野にも、アフリカ人の権利拡大という問題は、はいっていなかった。植民地省政務次官であった一九〇七年秋、彼は私的な旅行というかたちをとって、東アフリカへの旅に出かけ、その旅行記を『私のアフリカ紀行』という本

▼自治領　国内政治における自治権を大幅にもったイギリス帝国内の国々で、十九世紀半ばにまずカナダが自治領となった。その後、南アフリカ連邦のほか、ニュージーランド・オーストラリア・ニューファンドランド・アイルランドが加わり、一九三〇年代には、これら諸国とイギリスによって英連邦が結成された。

▼アパルトヘイト　南アフリカにおいて白人と非白人の間で実施された人種隔離政策で、非白人はさまざまな権利を制限され、身分証明書の形態が義務づけられるなど、極端な差別の対象となった。本格化したのは一九四八年以降であるが、南アフリカ連邦成立直後からそれに結びつく政策が、イギリス人とアフリカーナーの協力のもとで展開していった。例えば、一九一三年に制定された先住民土地法は、先住民のための指定地の面積を南アフリカ連邦全土の九%に限定した。

▼ヘンリー・キャンベル・バナマン（一八三六～一九〇八）　イギリスの政治家。一八六八年に自由党の下院

議員となり、アイルランド相や陸軍相を経験したのち、一九〇五年から首相として自由党内閣を率いた。〇六年の選挙で勝利して首相の座をかため、労働争議法の制定など社会改革色の強い政策を推進した。

▼ハーバート・アスキス(一八五二〜一九二八)　イギリスの政治家。一八八六年に自由党の下院議員となり、内務相・蔵相をへて、一九〇八年、首相に就任した。一〇年から一一年にかけて、上院の予算案拒否権をめぐって保守党と激しく対立し、二度の総選挙で勝利をおさめて議会法を成立させ、上院から拒否権を奪うなど、大胆な改革をおこなった。第一次世界大戦にさいしては、その指導力が疑問視され、一五年には保守党との連立内閣をつくったものの、一六年に首相辞任を余儀なくされた。

▼ウェッブ夫妻　イギリスの社会主義者。夫はシドニー(一八五九〜一九四七)、妻はベアトリス(一八五八〜一九四三)。二人で協力しつつ、穏健な社会主義組織であるフェビアン協会の代表的な活動家として、社会改革を推進した。

として出版したが、そこにはアフリカ人を「野蛮な子ども」のような存在とみる彼の先住民観が示されていた。さきに述べたような、「文明化の使命」を帝国支配にみる帝国観を反映して、アフリカ人の進歩は可能であるとの考え方をいだきつつ、彼らの権利はイギリスによる統治で守られていると、チャーチルは考えた。そして彼は、東アフリカだけで四〇〇万人いるアフリカ人がイギリス政府による統治を離れ、少数の白人の恣意のもとにおかれる危険を防ぐ必要性を強調した。

チャーチルは、このアフリカ旅行のしばらくあと、一九〇八年四月からは、キャンベル・バナマン▲首相が心臓麻痺で倒れたため自由党新首相となったアスキス▲のもとで、まず商務相、ついで内務相、さらに海軍相という要職を歴任していくことになる。三〇歳台の政治家として、華やかな経歴を歩みはじめたのである。

商務相・内務相としての彼は、帝国支配と結びつけるかたちで重視していた社会改革面での政策に関わっていき、社会帝国主義者としての様相をよくあらわしていった。例えば、ウェッブ夫妻▲などの影響のもとで、失業者の就業を助けるための職業紹介所法の実現に貢献した。また、ロイド・ジョージ▲蔵相がつくりあげたいわゆる「人民予算▲」の有力な推進者の一人ともなっている。

一九一一年秋に海軍相に就任して以降、チャーチルはふたたび帝国問題に直接関わるようになった。イギリス帝国の拡大・繁栄は、海軍力に依存していたといってもよく、帝国にとって海軍がもつ意味は極めて大きかった。「イギリスは七つの海を支配していた」といわれるが、イギリスは世界の海のいたるところで島嶼《とうしょ》を帝国領土としてもち、イギリス海軍は世界の海を睥睨《へいげい》していたのである。チャーチルは、帝国における海軍の重要性に強く入れ込んでおり、その改革強化に力を注いだ。チャーチル海軍相のもと、戦艦の燃料が石炭から石油に切り替えられ、海軍に航空部が設置され新たな兵器としての飛行機の軍用化の準備も始められた。さらに、海軍参謀本部や海軍大学の創設、暗号専門部局の開設などがなされたのである。

その過程で、予算の配分をめぐって、チャーチルはかつて自らが推進していた社会改革のための予算を削減してでも、海軍のための予算獲得をおこなおうとする姿勢を明確に示した。自らの職位に忠実な行動であり、海軍相としては

▼デイヴィッド・ロイド・ジョージ（一八六三〜一九四五）　イギリスの政治家。弁護士をへて、一八九〇年に自由党の下院議員となり、すぐに頭角をあらわした。南アフリカ戦争にさいしては、戦争批判の立場をとった。一九〇五年からの自由党内閣でまず商務相を務めたあと、〇八年に蔵相に就任し、「人民予算」をつくった。第一次世界大戦中、一六年にアスキスにかわって首相に就任、労働党をも連立内閣に引き込んで戦争を指導し、イギリスを勝利に導いた。戦後もしばらく連立内閣を継続したが、二二年、保守党多数派の離反によって辞職に追い込まれた。写真左がロイド・ジョージ、右はチャーチル。

▼**「人民予算」**　一九〇九年にロイド・ジョージ蔵相が提出した予算案で、老齢年金などの社会保障充実と海軍拡張のために、高額所得者や地主層の税負担を増大させた。この予算案は地主が多い上院の強い反発をまねいたが、下院選挙で自由党が勝利した結果、成立した。

当然のことであったといえるかもしれないが、チャーチルの場合、この過程でそれまでの社会帝国主義者としての姿から変貌し、社会改革論者としての側面も薄れていくことになった。

第一次世界大戦

一九一四年夏、六月末にバルカン半島のサライェヴォで起きたオーストリアの皇位継承者暗殺事件をきっかけとして、ヨーロッパが戦争への道をたどったとき、チャーチルは海軍相としてイギリスの対外的な力の強化に腐心していた。その彼にとって一四年夏の危機はそのためのよい機会であり、彼はいち早く戦争に向けての準備を始めていった。第一次世界大戦勃発時の列強の動きをあざやかに描き出して広く読まれてきたバーバラ・タックマンの『八月の砲声』によると、チャーチルは「はるかかなたに戦争の臭いをかぐと「鳴りひびくラッパの音を耳にして、満足で谷間の土を掻き、ヒンヒンといななくいて」、目前の剣から身を退こうともしなかった旧約聖書の「ヨブ記」に出てくる軍馬を思わせた」(山室まりや訳)のである。戦争に向かう対立は、ドイツに支援されたオー

▼**オスマン帝国**　第一次世界大戦の開戦当初中立姿勢をとっていたが、ドイツ側が優勢であるとの観測、伝統的な反ロシア感情、戦争を機に西欧列強による財政管理を逃れたいと思ったことなど、さまざまな要因が働いて、一九一四年十月にドイツ・オーストリア側で参戦した。

ストリアと、ロシアを背後にもつセルビアとの間で展開していたが、オーストリア側の最後通牒に対してセルビアが大幅に譲歩した回答を寄せたにもかかわらずオーストリアがそれを拒否し、セルビアに対して宣戦布告した七月二十八日、チャーチルは、イギリス艦隊を戦闘配置につけた。

しかし、一九一四年七月末から八月初めにかけて始まった第一次世界大戦において、海軍力は結局のところ決定的な意味をもつことはなかった。有名な海戦としては、一九一六年五月末にデンマーク沖でイギリス海軍とドイツ海軍が戦ったユトランド沖海戦という戦いがあったが、勝敗は決せず、そこではイギリス海軍の損害のほうが大きかった。

大戦が始まったころ、それが四年間をこえる長期的な戦争になるとは、いずれの交戦陣営も想定していなかった。しかし早期に決着がつくとの予想ははずれ、戦いは長引いていった。海軍相としてのチャーチルが長期戦の様相を示しはじめた戦局を協商国側に有利にすべく推進したのが、地中海から黒海への入り口であるダーダネルス海峡の北側にあたるガリポリ半島での、オスマン帝国▲内軍に対する攻撃作戦（ガリポリ作戦）であった。この作戦では、イギリス帝国

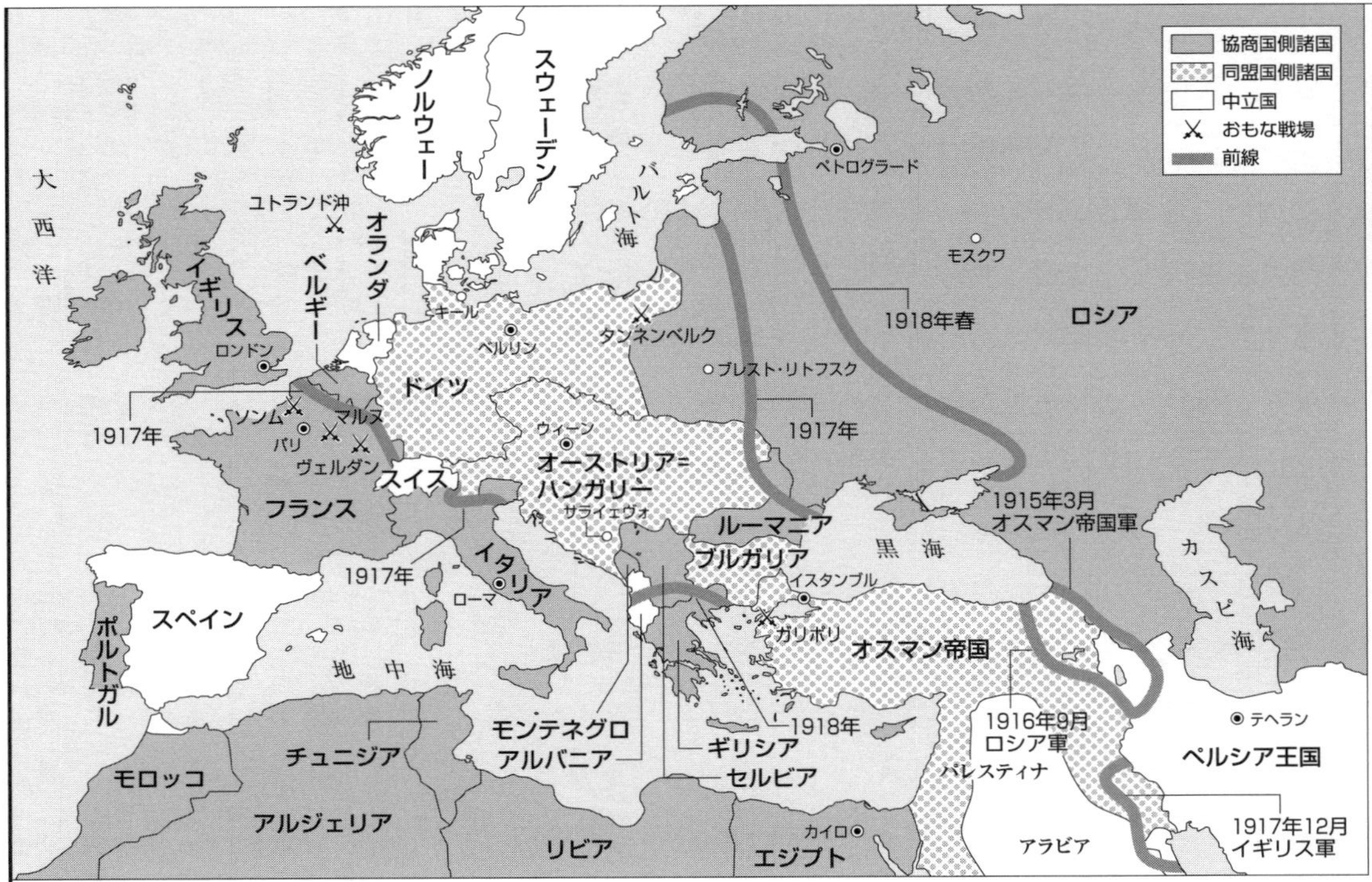

●第一次世界大戦中のヨーロッパ

のオーストラリア・ニュージーランドからの軍隊▲が大きな役割を演ずることになり、まさに帝国としての戦いとなった。イギリス側は、帝国主義の時代に「瀕死の病人」というレッテルを貼られることもあったオスマン帝国の軍隊の力を軽くみていたが、実際にはオスマン帝国側の抵抗・反撃は激しく、大きな犠牲を払ったのみで、トルコに上陸してドイツ・オーストリア側に攻勢をしかけるという当初の目的はまったく実現されなかった。

みじめな失敗に終わったこの作戦を実施した責任はチャーチルのみに帰せられるわけではなかったものの、批判は彼に集中することになった。そのため、彼は責任をとるかたちで海軍相の地位から退き、しばらくの間ランカスター公領相▲という閑職についたすえ、一九一五年十一月に政府を離れることになった。

失意のチャーチルであったが、彼はすぐに次の行動にでた。チャーチルを尊敬した鶴見祐輔▲は、「彼は失敗と失脚に際し、人前隠さず感情を現わすが、一晩眠ると、ガバとはね起きて獅子王のような勇気をもって突進する……彼の顕著なる性格の一つは、その逆境から刎ね起る力である。そして刎ね起きた時は、いつも失脚前より遥かに高いところに飛躍している」と述べたが、このときの

▼オーストラリア・ニュージーランドの軍隊　イギリス帝国内の自治領や植民地はイギリスの参戦によって、自動的に戦争に組み入れられ、オーストラリアからは三三万人、ニュージーランドからは一二万人の兵士がヨーロッパに送られた。彼らによるアンザック軍団は、ガリポリ作戦でイギリス軍の中心的役割をはたし、多くの犠牲者を出した(三九頁上段表参照)。

▼ランカスター公領相　管轄する省庁や特定の任務をもたない無任所大臣。

▼鶴見祐輔(一八八五〜一九七三)　日本の政治家・著述家。鉄道省の官僚をへて一九二八年に無所属で衆議院議員となり、明政会という政党の結成に加わった。英語の達人として知られ、太平洋問題調査会などで、日米間の民間外交にも貢献した。多くの著作があり、ナポレオンやディズレイリなどと並んでチャーチルについての伝記も著した。

彼も、そうした資質をよく示した。海軍相として戦争指揮のトップに立っていた人物が、イギリス陸軍に戻って西部戦線で従軍することを決めたのである。もっとも、その前にはドイツ領東アフリカでの戦争に加わってそこでのイギリス軍の指揮を執りたいとの意向も示していたが、それは拒まれている。

西部戦線で彼はまず大隊長見習いとなり、さらに大隊長に就任した。彼の指揮下にはいった兵士たちは、当初困惑し、反感をもつ者もいたが、チャーチルはすぐに彼らの信頼を勝ちえていった。ただ、彼にはいつまでも軍務を続けていくつもりはなく、一九一六年春には休暇をとってロンドンに戻り、議会での演説もおこなっている。

一九一六年五月、チャーチルの大隊が他の大隊と合同することになったとき、もう一方の自分より年長の大隊長に隊長職をまかせることにより、彼はいわばスムーズに軍務を離れることができ、政治家生活へと戻っていった。しかし、大臣の椅子に戻るには、しばらく待たなければならなかった。同年初めに首相の座についていたロイド・ジョージのもとで、軍需相▲という戦争遂行にとって極めて重要な職務に彼がついたのは、ガリポリ作戦に関する調査委員会の報告

▼**軍需相**　戦争が長引くことがはっきりしてきた一九一五年には、イギリス軍の弾薬不足が問題とされるといった事態も生じ、国内経済を戦争体制に全面的に向けていく必要性が痛感されるようになった。その目的で軍需省が新設され、経済活動への国家の介入の度合いは飛躍的に高まった。

書が出されて、作戦の責任が彼だけにあるのではないことが明らかになったあとの、翌年七月のことであった。この重要ポストへの彼の任用に対しては、多くの保守党議員が反対の姿勢を示した。

戦争はそれからも一年以上続き、一九一八年十一月にイギリスなど連合国側の勝利によって、ようやく終わりを迎えた。その翌月におこなわれた下院選挙で勝利したチャーチルは、戦時からの連立体制を継続したロイド・ジョージ内閣の陸軍相(空軍相を兼任)に就任した。終戦後の陸軍相の仕事の中心は、軍隊の動員解除、平時への転換であった。これ自体極めて難しい仕事であったが、このときイギリス軍は、一七年のロシア革命で成立したソヴィエト・ロシアの政権を打倒することを目的としたロシア革命干渉戦争に従事するという任務を負わされており、事態はさらに複雑になっていた。チャーチルは、ボリシェヴィキ▲を忌み嫌っており、この干渉戦争を積極的に推進する立場をとったが、反革命軍は目的を達することができず、ロシアに送られていたイギリスの兵士は、一九年秋までにはほとんど引き揚げられた。

▼ボリシェヴィキ　ロシアの社会民主労働党が一九〇三年の党大会で二つに分裂したさいの多数派が、共産主義を信奉するボリシェヴィキであり、レーニンの指導のもとに、一七年の十一月革命(ロシア暦では十月革命)を成功させて、政権を握った。

第一次世界大戦期の帝国各地からの兵員数

	(a) 徴募兵員数	(b) 国外派兵数	(c) 死者数	(c)/(a) ×100
イギリス	6,704,416		704,803	10.5%
カナダ	628,964	458,218	56,639	9.0
オーストラリア	412,953	331,814	59,330	14.4
ニュージーランド	128,525	112,223	16,711	13.0
南アフリカ	136,070	76,184	7,121	5.2
ニューファンドランド	8,173		1,204	14.7
インド	1,440,437	1,096,013	62,056	4.3
東アフリカ	約 34,000		約 2,000	5.9
西アフリカ	約 25,000		約 850	3.4
西インド諸島	15,601		1,256	8.1

帝国の戦後処理

チャーチルがロシア革命についていだいた敵意は、大戦をへたあとのイギリス帝国の状況についての懸念とも結びついていた。

第一次世界大戦にあたり、イギリスは既存の帝国を守ると同時に、アフリカなどで帝国版図を拡大することを目論《もくろ》んだ。ただし、そうした戦争を戦うためには、イギリスだけの軍事力では十分でなく、帝国諸地域からの人員・物資の大量動員が必要となった。「帝国の総力戦」と呼ぶことができる状態が出現したのである。前述したガリポリ作戦でオーストラリア・ニュージーランドによるアンザック部隊が中心的役割を演じたのも、そのあらわれであった。オーストラリアやニュージーランドは、大戦でのこの役割によって宗主国イギリスに対する自分たちの地位が向上したと感じ、イギリスとの対等性をより強く追求しはじめた。

オーストラリアやニュージーランドの場合は、すでに内政上の自治をかなりの程度達成していたこともあり、イギリス側の対応について不満が噴出することはなかったが、帝国内のいくつかの地域では、イギリスへの戦争協力とイギ

▼イースター蜂起　アイルランドの人々の多くがイギリスの戦争に協力するなか、社会主義者ジェイムズ・コノリが率いる勢力やアイルランド共和主義同盟の民族運動家は、一九一六年四月二十三日のイースターの日曜日に反英蜂起を起こすことを計画した。蜂起は実際にはその翌日に決行されたが、蜂起者たちが予想していた民衆による支援はなく、すぐにイギリス軍に鎮圧された。写真はコノリのアイルランド運輸一般労働組本部が破壊された情景。

リスの戦後姿勢をめぐって、反英の動きが先鋭化してきた。

アイルランドでは、すでに戦争最中の一九一六年春のイースターに、イギリスが戦争に集中している隙をねらって独立を達成しようと考えた急進的な民族運動家たちによる反英蜂起(イースター蜂起▲)が起こされていたが、その首謀者たちに対するイギリス側の過酷な取り扱いがより広いアイルランド民衆の憤激を呼び、大戦末期から戦後にかけて、アイルランド独立戦争と呼ばれる軍事衝突が展開していた。

「帝国の総力戦」にさいしてもっとも多数の人員を提供したインドでは、自治の大幅拡大の要求にイギリス側が十分こたえないどころか、民族運動の集会で軍が無差別に発砲して多くの人々を殺害するという事件(アムリットサル事件)も生じ、大戦期にはイギリスに協力してきたガンディーを中心とする民族運動の高揚が始まった。また同じ一九一九年春、アムリットサル事件の少し前には、イギリスが保護国としていたエジプトでも学生のストライキなどをきっかけとする反英民衆運動が展開していた(エジプト一九一九年革命)。

一九二〇年十一月におこなった演説のなかでチャーチルは、レーニン▲、シンフェイン▲、そしてインドとエジプトの過激派がつながりつつ帝国を転覆させようとしており、「わが国に敵対する世界大の陰謀が展開しつつある」と論じた。翌年二月、そのような危惧をいだきつつ、チャーチルは植民地相に就任することになった。植民地相として彼が力をいれて取り組んだのは、アイルランド問題と中東問題であった。

　アイルランドに対して、チャーチルは当初実力によって独立運動を押さえ込んでいく行動を続けていこうとする姿勢を示していた。しかし、アイルランド民族運動側がアイルランド全体の統一した独立を望みながらも、軍事的勝利は見込めないとしてイギリス政府との交渉に応じる姿勢をみせると、ロイド・ジョージ首相が考えはじめていたアイルランドの南北分割を条件としての南部のみへの独立付与という方策を進めていく役割を演じるにいたった。こうして一九二二年に実現した南アイルランドの独立(アイルランド自由国となった)は、アイルランドがイギリスの一部というかたちをとりながらも実質的には植民地であったことから、イギリス帝国における植民地独立の過程、すなわち脱植民地化の過程の出発点とみなすことができる。しかし、この独立は、アイルランド

▼レーニン(一八七〇〜一九二四)　ロシアの政治家・思想家。兄がロシア皇帝暗殺未遂事件に連座して処刑されたことから、革命家の道をたどるようになり、一九〇三年の社会民主労働党の分裂によって、ボリシェヴィキの指導者となった。第一次世界大戦期には亡命先のスイスで、戦争を内乱に転化することを主張していたが、ロシアで三月革命(ロシア暦で二月革命)が起こるにおよんで帰国し、十一月革命に成功した。

▼シンフェイン　一九〇五年に設立されたアイルランドの民族運動組織で、一六年のイースター蜂起ののち、勢力を拡大した。一八年十二月のイギリス下院選挙ではアイルランドで大勝をおさめたが、ロンドンの議会には赴かず、ダブリンで国民議会を開設し、アイルランド独立戦争を政治面で指導した。

を南北に分断する線引きによってもたらされたことにより、イギリスに残った北アイルランドでのプロテスタントとカトリックの間の対立を深める結果となり、チャーチルの死後、一九六九年以降の北アイルランド紛争につながっていった。

　イギリスの支配地域における線引きという行為をチャーチルが中心になっておこなったのが、植民地相としてのいま一つの懸案地域、中東であった。オスマン帝国の支配下にあった中東地域において、イギリスは勢力圏の確保をめざしていた。大戦中の一九一七年に内閣につくられた「領土要求委員会」(チャーチルがこれにはいっていたわけではない)の関心の筆頭にあったのは中東であり、ペルシアの油田地帯や、ペルシア湾・紅海沿岸での支配力の確立、さらにはメソポタミア(イラク)の併合などが考えられていた。大戦中に、中東の将来をめぐってイギリスがたがいに矛盾する三つの外交的約束――フサイン・マクマホン書簡▲、サイクス・ピコ協定▲、バルフォア宣言▲――をおこなったのも、中東におけるイギリスの野望を示していた。

　第一次世界大戦後、中東で実現したのは、この三つの約束のうちサイクス・

▼フサイン・マクマホン書簡　メッカのシャリフ(ムハンマドの血統につながる人々の尊称)であったフサインと、エジプトのカイロ駐在のイギリス高等弁務官マクマホンとが、一九一五年から一六年にわたって書簡を交わし、中東でのアラブ人国家の樹立を認めることを、イギリス側が約束した。

▼サイクス・ピコ協定　イギリスの中東問題特使サイクスとフランスの外交官ピコが、一九一五年から一六年にかけて交渉した結果、ロシアも加えて、中東を三国の勢力圏に分割するという内容の協定を結んだ。

▼バルフォア宣言　一九一七年十一月、イギリス外相バルフォアが、パレスティナにユダヤ人の「民族的郷土」(国家にあたる)をつくることをイギリス政府は好ましいと考えている、という宣言を発した。

●――アイルランドの南北分割

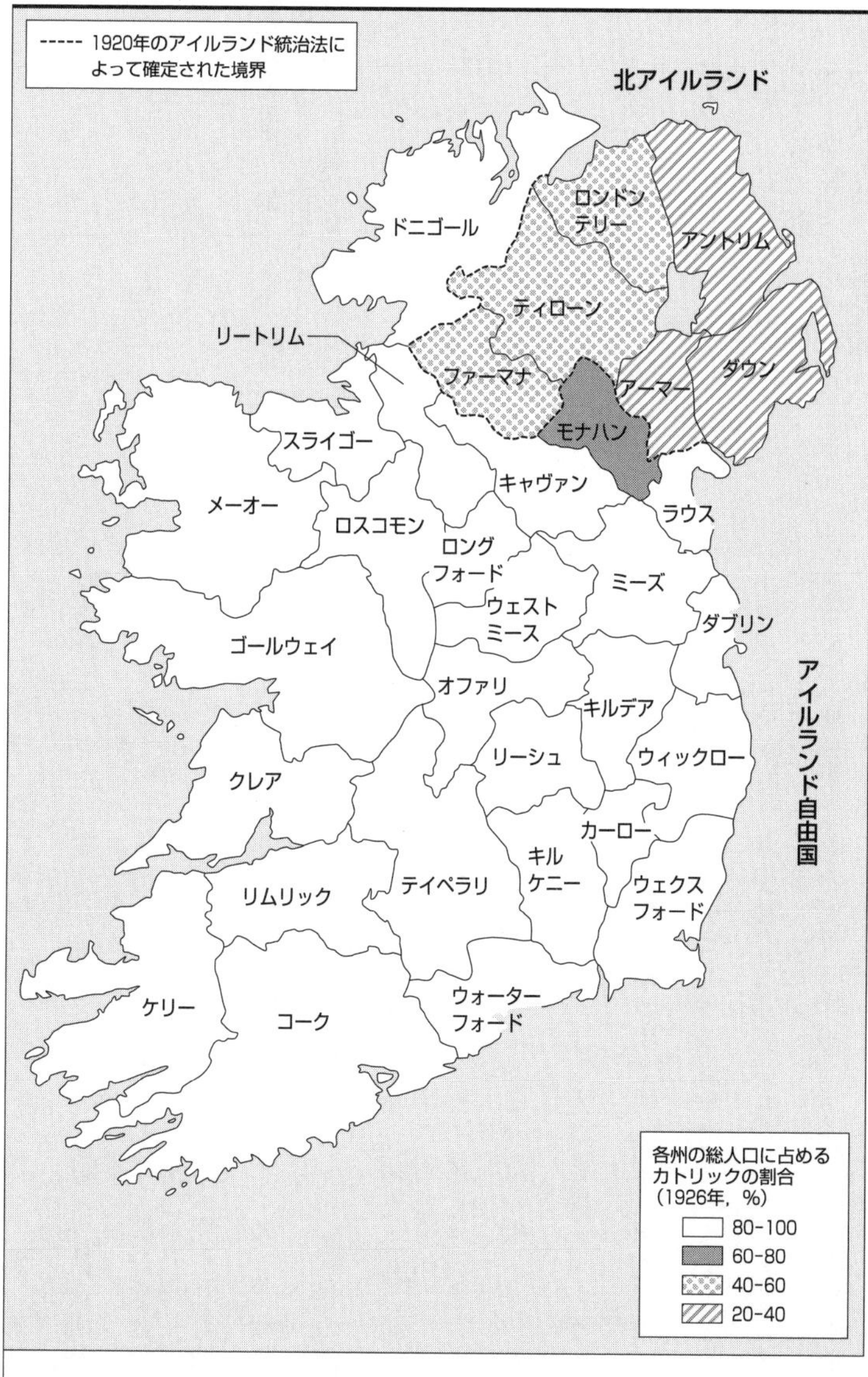

ピコ協定の方針に沿うかたちでの、イギリス・フランスによる領土の実質的な分割獲得であった。ただし、すでにこのとき、民族自決という考え方が国際的に浮上してきていたこともあり、敗者の領土を植民地として併合することはできなくなっていた。そのため、領土は、新たに発足した国際連盟のもとでの委任統治領▲として配分されることになり、イギリスは、パレスティナ・トランスヨルダン・メソポタミア(イラク)を獲得した。これらの地域の領域調整をする作業は、一九二一年春、エジプトのカイロでなされたが(カイロ会議)、それを主宰したのが、植民地相に就任したばかりのチャーチルだったのである。一九九〇年代初めに湾岸戦争のきっかけとなったのは、イラクがクウェートとの間の国境線をこえてクウェートに侵攻したことであったが、その国境線は、このカイロ会議で極めて人為的に引かれたものであった。

またパレスティナをめぐるユダヤ人の動きについて、チャーチルは基本的にシオニズム▲を支持する姿勢をとりつつも、アラブ人による国家建設もユダヤ人による国家建設もよしとせず、アラブ人とユダヤ人が共存する二民族国家が望ましいと考えていた。

▼委任統治領　第一次世界大戦で敗れたドイツの植民地とオスマン帝国の領土の統治が、国際連盟によってイギリス・フランス・日本などいくつかの国に委ねられることになった。この委任統治領は、独立付与の可能性の強さに応じて、A式、B式、C式の三種に分けられ、中東の旧オスマン帝国領は、独立への距離がもっとも近いA式に分類された。

▼シオニズム　離散していたユダヤ人をシオンの丘(ソロモンの神殿があった古代エルサレムの丘)があるパレスティナに帰還させせようとする考え方で、十九世紀末から唱えられはじめ、それにもとづく運動は各地で影響力を広げていった。

こうしてチャーチルは中東問題に深く関わったわけであるが、イギリス帝国の将来にとってはアフリカのほうがずっと有望である、と考えていた。「アフリカでは人々は穏健で土地は肥沃である。中東では国土はやせており人々は荒々しい。アフリカでは少しのお金で多くのことが起こるが、アラビアでは多くのお金を使っても起こることはほとんどない」というのである。そこで彼は植民地相として、アフリカに費やす費用の増額を望んだが、うまくいかなかった。

保守党への復帰

チャーチルがこうして植民地相としての仕事に集中している間の一九二二年、イギリスの政局は大きく変化した。戦争中から続いていた連立内閣が、戦後処理の過程が一段落したところで、保守党の離反によって瓦解したのである。その結果、同年十一月に下院選挙がおこなわれることになった。この選挙で自由党は、ロイド・ジョージが率いて保守党との協力関係を重視する「国民自由党」とアスキスのもとの自由党という二つに分かれて戦うことになり、チャー

▼二人区　イギリスでは、第三次選挙法改正の一環となった一八八五年の議席再配分法によって、各選挙区から一人の議員を選出する小選挙区制が導入されたが、そのさい、それまでの基本であった二人区も一部で残された。二人区が完全に廃止されたのは、一九四六年である。

▼エドマンド・モレル（一八七三〜一九二四）　イギリスのジャーナリスト・政治活動家。第一次世界大戦期には、平和主義者として民主的統制同盟を指導し、戦争を批判した。

チルは「国民自由党」から立候補した。彼が候補となったスコットランドのダンディー選挙区は二人区▲であったが、そこで戦う相手となった一人は、労働党からの候補者モレル▲であった。モレルは、二十世紀初頭に当時ベルギー王であったレオポルド二世が支配していたコンゴでのアフリカ人虐待を激しく糾弾して名をあげた人物である。モレルは、金融的・軍事的色彩の濃い帝国主義こそ退けたものの、帝国支配自体を否定することはなかった。しかし彼はイギリス政府の外交政策の強烈な批判者であり、チャーチルとは対極の位置にあった。選挙の結果は、モレルと禁酒主義を掲げた候補の二人が当選、チャーチルは落選の憂き目をみることになった。

　これ以降、チャーチルは、一九二三年十二月の下院選挙でまた落選しただけでなく、翌年三月におこなわれた補欠選挙でも失敗し、しばらく議員の椅子を離れた生活を送ることになった。この時期に彼は、すでにとりかかっていた、第一次世界大戦の歴史である『世界の危機』の執筆を進めた。二三年中に、その第一部（一九一一〜一四年までを扱った巻）と第二部（ガリポリ作戦を含む一九一五年を扱った巻）が刊行されたことからわかるように、彼の執筆活動は相変わらず精力的であった。一九一六～一八年を対象とする第三部が刊行されたのは二七年で、戦後を扱った第四部は二九年に出版された。

　チャーチルがようやく下院に復帰できたのは、一九二四年十月の選挙においてである。この選挙にさいして彼は「立憲派」の候補と名乗ったが、実質的には保守党からの立候補であるといってよかった。前述したように、彼がもともと保守党を離れたのは、チェンバレン・キャンペーンに示されるように保守党が保護主義に傾斜したことをきらってのことであり、保守党が保護主義を捨てた状況下では、自由党に見切りをつけた彼の復帰を妨げる要因はなくなっていたのである。

　ふたたび下院議員となったチャーチルは、保守党員として早速ボールドウィン▲首相のもとで蔵相という要職につくことになった。蔵相としてまず手がけたのが、金本位制▲への復帰である。第一次世界大戦前に帝国支配と並んでイギリスの世界的な覇権を支えていた金本位制は、第一次世界大戦によって廃止されていた。金本位制に復帰するということは、第一次世界大戦でゆらぎはじめた世界経済の要としてのイギリスの位置を回復するという意味をもち、金融界か

▼スタンリー・ボールドウィン（一八六七～一九四七）　イギリスの政治家。一九〇八年から保守党下院議員となり、商務相、蔵相を歴任したのち、二三～二四年、二四～二九年、三五年～三七年の三たび首相を務めた。

▼金本位制　通貨の価値を一定量の金と結びつけ、相互の交換が自由におこなわれることを保証して、通貨の国際的価値を安定させ、国際収支の自動調節をはかる制度で、イギリスを中心として十九世紀末に国際金本位制が確立した。

▼ポンド価値の過大評価　この点を強く批判したのが、経済学者ケインズである。彼は、第一次世界大戦後のパリ講和会議にさいして、『講和の経済的帰結』を書いて、ドイツからの賠償取り立て方針を批判したが、金本位制復帰にあたっては『チャーチル氏の経済的帰結』によって、蔵相チャーチルの政策を批判した。

一九二六年のゼネスト　ロンドン中心部の情景。

ら強く求められていた措置であった。チャーチルはそれを断行したのである。

しかし、戦前のレート（一ポンド＝四・八六ドル）での金本位制復帰は、ポンドの価値の過大評価▲であり、競争力を弱めていた輸出産業、とりわけ石炭業に激しい打撃を与えることになった。その打撃を労働賃金の切り下げなどによって凌ごうとした石炭業では、反発する労働者によって一九二六年にストライキが決行され、それに同調した全国の各種産業の労働者によるゼネストが九日間にわたって繰り広げられた。それによって新聞の発行もとまったが、チャーチルはストに対抗するための政府広報紙『ブリティッシュ・ガゼット』の発行に尽力した。ただし、スト収束の方針をめぐっては、内閣の大勢が炭坑資本家側の一方的勝利を望んだのに対し、彼は、労使の交渉による解決を望んでいた。

③—帝国の変容に抗して

孤独な批判者

ボールドウィンの率いる保守党は、一九二九年五月の下院選挙の結果、労働党につぐ第二党に転落した。二〇年代になって自由党を凌ぐ議会勢力となっていた労働党は、二三年の選挙後、自由党との連立政府（首相マクドナルド▲）を組織していたが、その政府が短命に終わったあと五年を待たずして、この選挙の結果ふたたびマクドナルド首相のもとで単独政権をつくることとなった。

チャーチルはこの選挙で当選したものの、野党議員の立場となった。保守党は一九三一年、世界恐慌のなかで労働党内閣が倒れたあとにつくられた連立政府▲の軸となっていったが、チャーチル自身は、これ以降一〇年間にわたって政府の外で活動することになる。この間、彼は政府の外交政策や帝国政策についての、激しい批判者としての姿をきわだたせていった。

その姿はまずインド統治法改定▲への反対運動としてあらわれた。この姿勢を貫くためチャーチルは一九三一年初めに保守党の影の内閣▲を離れており、それ

▼ラムゼイ・マクドナルド（一八六六〜一九三七）　イギリスの政治家。一九〇六年労働党の下院議員となり、二四年と二九年から三五年までの二度にわたり首相を務めた。

▼労働党内閣倒壊と連立政府　一九二九年秋に始まった世界恐慌は、イギリス経済にも打撃を与えた。それに対し、マクドナルド労働党内閣は失業手当ての切り下げを含む財政緊縮策で対処しようとした。これは労働組合からの激しい反発をまねき、内閣は三一年八月末に倒壊した。その結果、マクドナルド首相のもとで、保守党を中心とし、自由党の一部も含んだ連立内閣が成立した。

▼インド統治法改定　一九一九年の統治法では、地方政治におけるインド人の政治的権利が拡大された。この改定は、民族運動の高まりに対応して、インド人の権利をさらに拡大しようとするものであった。

▼影の内閣　野党第一党の党首を首相として、その党の議員を内閣閣僚として配置し、選挙による内閣交代に備える制度。

が結局はその年にできた連立政府への不参加という経緯につながった。

インドでは、前述したように、第一次世界大戦後ガンディーの指導のもとに民族運動が高揚した。それに対しイギリス政府は、保守党ボールドウィン政府の時期の一九二七年にインド統治法を改正するための委員会(サイモン委員会)を任命した。この委員会には、のちに首相となる労働党の期待の星アトリー▲もメンバーとして名を連ねていたが、インド人の代表は一人も含まれておらず、インド側は当初からそれを批判の眼でみた。三〇年五月に報告書として発表されたサイモン委員会での討議の結果は、インドの地方政治に責任政府(インド人による統治)を導入するという方針を軸としていたが、インド中央政府ではイギリスによる統治があくまでも貫徹されることになっており、この委員会を意識しつつインド国民会議派▲が二九年のラホール大会で採択したプールナ・スワラージ(完全な自治、すなわち独立)の要求とは大きな距離をもっていた。

イギリス側が考える方針をインド側に受け入れさせるため、イギリス政府(前述したように一九二九年五月からは労働党政府)が考えたのが、インドの政治諸勢力の代表との円卓会議の開催であり、一九三〇年十一月からの第一回会議、

▼クレメント・アトリー(一八八三〜一九六七)　イギリスの政治家。一九二二年労働党の下院議員となり、三五年に党首に就任した。第二次世界大戦中はチャーチルの挙国内閣に参加し、四三年から四五年まで副首相を務めた。四五年の総選挙で労働党が勝利したことにより、首相の座につき、戦後改革を進めたが、五一年の総選挙における労働党の敗北で辞任した。

▼インド国民会議派　一八八五年に創設されたインドの民族運動組織。当初は穏健な性格であったが、第一次世界大戦後、ガンディーの指導のもとにインドの独立を求めてイギリスとの対決姿勢を強めた。

▼「塩の行進」　インドにおいて塩はイギリスの専売制度のもとにおかれていた。ガンディーは、この問題をイギリスに対する独立運動のシンボルにしようと考え、一九三〇年春、支持者たちとともに長距離を海岸まで行進し、法を犯して海水から塩をつくった。

第二回円卓会議に参加したガンディー（右奥のテーブル右から三人目）

▼アーウィン卿（エドワード・ハリファックス、一八八一〜一九五九）イギリスの政治家。一九一〇年保守党の下院議員となり、一九二二年からの保守党内閣で教育相や農業相を歴任したのち、男爵位をえて、二六年から三一年までインド総督を務めた。三八年には外相に就任、四〇年にはチャーチルと首相の座を争う人物とみなされたが、チャーチルに対抗しようとしなかった。四一年から四六年までは駐米大使となった。

三一年九月からの第二回会議と、二回の会議が開催された。三〇年春に「塩の行進」▲をおこなうなど、反英活動を強めていた会議派の指導者ガンディーも、イギリス側が民族運動弾圧策の撤回など一定の譲歩を示すなかで、第二回円卓会議には参加することになった。

　チャーチルは、イギリスのインド支配を危うくするものとして、こうした一連の流れに強硬に反対した。例えば、第一回円卓会議が開かれていた最中の一九三〇年十二月にインド帝国協会という組織の公開集会でおこなった演説で、彼は「ガンディー主義とそれが代表するものは何であれ、遅かれ早かれ潰してしまわなければならない。猫の餌を与えて虎を満足させようとしても無駄なのだ」と述べ、そのことを早くわからなければイギリス帝国は崩壊してしまう、と危機感をあらわにした。民族運動に対する理解をまったく示さない彼のインド観に共感を示す者もいなかったわけではなかったものの、チャーチルは時代遅れだという声は、保守党のなかからもあげられた。インド総督アーウィン卿▲も、チャーチルのような帝国主義を実践するのは、「ガスをためられない気球をあげようとするものだ。うまくいくはずはない」と批判した。

結局、インド統治法改正をめぐるチャーチルの批判は、彼が頑迷な帝国主義者であるというイメージを強めただけで、政治的な力はもちえず、一九三五年には地方に責任政府を導入する新たなインド統治法が施行されることになった。同じころチャーチルはまた、イギリス帝国をイギリスと各自治領が建前上は平等な立場に立つまとまりとしての英連邦▲につくりかえるウェストミンスター憲章（一九三一年）の制定にも反対する姿勢を示していた。イギリス帝国の既存の構造を変えていくことに、彼はかたくなに抵抗していたのである。

一九三〇年代には、そのようなチャーチルに危惧を与える動きが、のちに枢軸国として結びつくことになる日本、イタリア、ドイツによって開始された。日本は一九三一年九月に中国東北部で満洲事変▲を起こし、翌三二年に傀儡《かいらい》国家満洲国をつくった。イギリスの保守派の中にはそうした日本に共感を示す人々も多く、チャーチルも当初はその一人であった。しかし、彼は次第に、こうした日本の行動がイギリスにかぎらずアジアで領土や権益をもつ国々にとってきわめて大きな問題となると考えはじめた。

イタリアが一九三五年にエチオピア侵略▲に乗り出したさいには、チャーチル

▼英連邦　イギリスに対する発言力を強めた自治領諸国との関係を維持し、帝国の絆を保つために考え出された機構で、一九二六年の帝国会議におけるバルフォア報告書において、「大英帝国のなかでの自立的なコミュニティであり、平等な地位を有し、内政・外交のいかなる面においても他に従属せず、国王への共通の忠誠によって結ばれる」とされた。

▼満洲事変　一九三一年九月十八日に中国東北部（満洲）の柳条湖で、日本の関東軍が南満洲鉄道の線路を爆破し、それを中国側の行為として沿線の主要都市を占領、さらに東北部全域に軍事行動を拡大していった。

▼エチオピア侵略　イタリアは帝国主義の時代の一八九六年にエチオピア征服を試みたさい、アドゥアの戦いで敗れ、目的を達成できなかった。一九二二年に政権を握ったムッソリーニは、改めてエチオピア支配をめざし、三五年十月に侵略行動を開始した。

はエチオピア側に同情的な見方をしており、国際連盟によるイタリアに対する制裁を支持し、イタリアによる征服結果を認めることになるイギリスのホーア外相とフランスのラヴァル首相による「ホーア・ラヴァル案▲」には批判的な態度を示した。

しかしチャーチルにとって、もっとも強い警戒の対象となったのは、一九三三年にドイツで政権についたヒトラー（五五頁参照）の対外政策であった。その前年三二年の秋にドイツを訪れたさい、彼はドイツで軍国主義が強まっていることを感じており、ヒトラー政権が誕生すると、それをイギリスとイギリス帝国の脅威になる存在とみて、警鐘を鳴らした。三〇年代のイギリス政府は、現状を力で変更しようとする国の行動に対して宥和政策▲と呼ばれる政策をとったが、チャーチルはイギリスの軍備強化を唱えつつ、とくにドイツへの宥和姿勢を批判した。

しかし、ナチ・ドイツの対外政策が、一九三八年にオーストリア併合からチェコスロヴァキアのズデーテン地方要求へと進んでも、三七年に首相の座についた保守党のネヴィル・チェンバレン（五五頁参照）のもとのイギリス政府は宥

▼ホーア・ラヴァル案　一九三五年十二月にホーアとラヴァルが会談し、エチオピアの約半分をイタリアに与えることに合意した。これは秘密の合意であったがすぐに暴露され、強い批判にさらされた。

▼宥和政策　宥和という言葉は、譲歩によって対立関係の解消をめざす方策を指し、もともと悪い意味をおびた言葉ではなかったが、一九三〇年代以降は、ナチ・ドイツや日本、イタリアの対外侵略に対してイギリスやフランスがとった寛容な政策を指す言葉として、マイナスの価値をもつ言葉となった。

▼ミュンヘン会談　ドイツ系住民が多く住むチェコスロヴァキアのズデーテン地方の併合を、ナチ・ドイツが求めたのに対し、イギリス、フランス、イタリアの首脳がドイツのヒトラーとミュンヘンで開いた会談で、ドイツの要求が認められた。

和姿勢を変えず、それは三八年九月末のミュンヘン会談▲において結ばれたミュンヘン協定で頂点に達した。チャーチルはこのような流れを阻止しようとした。当時イギリスでは、左派の間でもチェンバレン政府の対独宥和政策への反対運動が展開していたが、そのために反ファシズム人民戦線を構築しようとしていたイギリス共産党がチャーチルをも連携の対象とするという事態まで出現したのである。

しかし、保守党内での宥和政策批判者はあくまでも孤立した存在にとどまり、チャーチルなどの動きは、イギリス政府の政策を動かすうえでなんの効果も生まなかった。そのような状況下で、イギリス・フランスの宥和政策によって行動の自由を与えられたとみたヒトラーは、一九三九年春にチェコスロヴァキアを分割して支配し、さらにポーランドに侵略の触手を伸ばしていった。そのすえに、三九年九月、ヨーロッパにおける戦争が始まった。ナチ・ドイツによるチェコスロヴァキア分割は、チャーチルなどによる宥和政策批判の正しさを立証したものとの評価も広がり、彼の声望は高まったものの、イギリス・フランスがソ連とともに「国際連盟規約を基礎とした大同盟」を形成してドイツに対

●——**ネヴィル・チェンバレン**（一八六九〜一九四〇）　イギリスの政治家。ジョゼフ・チェンバレンの次男。父のつくった自由統一党にはいり、一九一八年から下院議員となる。二二年からの保守党内閣で蔵相を務めるなど要職を歴任し、三七年に首相に就任した。写真はミュンヘン会談から帰ったチェンバレン。

●——**アドルフ・ヒトラー**（一八八九〜一九四五）　ドイツの政治家。第一次世界大戦後のヴェルサイユ体制下でのドイツの処遇を批判する国民社会主義ドイツ労働者党（ナチ党）の指導者として頭角をあらわし、世界恐慌による混乱を背景に、一九三三年に政権を握った。その後、国内では民主主義を抑圧しつつ、東方への領土拡大を進め、三九年九月にヨーロッパでの第二次世界大戦を開始した。ユダヤ人の大量虐殺などをおこなったすえ、四五年四月、ベルリンの陥落直前に自殺した。

抗していくという彼の方針は実現することなく、戦争が勃発することとなったのである。

「奇妙な戦争」からイギリスの戦いへ

ナチ・ドイツがポーランド軍事侵略を開始した一九三九年九月一日の二日後、九月三日にイギリスはドイツに対して宣戦布告をおこなった（フランスも同じ日に宣戦布告）。そしてすぐに戦争のための内閣改造がおこなわれ、チャーチルは第一次世界大戦のときと同じく海軍大臣の位置につくことになった。それを知った海軍省は、所属する船舶に向けて「ウィンストンが戻ってきた」という電報を打って、彼を歓迎した。こうして、チャーチルは再度イギリス政治の中枢に復帰したのである。

しかし、戦争はすぐには激しくならなかった。ドイツは、開戦直前に独ソ不可侵条約▲を結んでいたソ連とともに、短期間でポーランドを分割占領したものの、その後は翌四〇年四月までいわば動きをひそめ、イギリスやフランスとの間での本格的な戦闘は起こらなかった。「奇妙な戦争」とも「いかさま戦争」

▼独ソ不可侵条約　それまで対立関係にあったナチ・ドイツとソ連の間で、一九三九年八月二十三日に結ばれた条約で、一方の国が第三国との戦争にはいった場合の他方の国の中立維持などが取り決められた。この条約を結んだことにより、ナチ・ドイツのポーランド侵略開始の環境が整い、ヨーロッパでの戦争開始の要因となった。また、条約に付随した秘密議定書で、両国によるポーランドの分割やバルト三国のソ連への併合などについての合意がなされた。

とも呼ばれる状態が続いたのである。この間イギリス海軍の出番はなかったが、チャーチルは、三九年十一月末に始まったソ連とフィンランドの間の戦争（「冬戦争」▲）が長引くなかで、対ドイツ経済封鎖策の一環として北欧での海軍作戦（ナルヴィク作戦▲）を主張し続けるなど、その存在感を示していた。四〇年三月末に、このナルヴィク作戦と、同じくチャーチルが唱えていたライン川への浮遊機雷投入作戦が最高戦争指導会議で採択されたことは、イギリスにおける戦争指導における彼の力の強まりを示していた。

　ドイツが活発に動きはじめたのはその直後である。一九四〇年四月、ドイツはまず北方に向かってデンマークとノルウェーを席巻し、さらに五月にはオランダ・ベルギー・フランスへの攻撃を開始した。ドイツの北方攻撃に対しては、英仏の遠征軍がノルウェー南部に上陸して反撃をはかったもののすぐに撤退を余儀なくされた。このことがきっかけとなって、イギリスではチェンバレンへの批判が高まり、保守党内でも彼の辞任を求める声が強まった。チェンバレンは首相の地位に固執したが、結局辞任せざるをえなくなり、そのあとをチャーチルが継ぐことになった。ノルウェー作戦の失敗に関しては、実のところチャ

▼ソ連・フィンランド戦争（冬戦争）　ソ連によるフィンランドに対する侵略戦争。フィンランドとの国境付近の領土交換についてのソ連の要求が拒否されたために開始され、四〇年三月にソ連側の勝利で終わった。この戦争を起こしたことで、ソ連は三四年に加盟していた国際連盟から除名された。

▼ナルヴィク作戦　ノルウェーのナルヴィク港からスウェーデン産の鉄鋼石がドイツに向けて搬出されるのを、イギリスの海軍力で阻止しようとする作戦計画。

ーチルの責任も大きかったが、非難はチェンバレンに集中し、チャーチル六五歳にしての首相就任という事態となったのである。

チャーチル内閣には、それまでチェンバレン政権への参加を拒んでいた労働党や自由党も加わり、戦争遂行のための挙国一致政府の体制が整った。五月十三日の首相就任演説で、彼は「自分には血、労力、涙それに汗しか提供できるものはない」としつつ、帝国の運命を人類の運命になぞらえて、勝利なくして生存はないと論じた。この姿勢を彼は戦争をつうじて貫いていくことになる。しかしまず彼が直面したのは、イギリスそのものに対するナチ・ドイツの集中的攻撃であった。

オランダ・ベルギーに続いてフランス▲に勝利したドイツは、四〇年七月からロンドンをはじめとするイギリスの各地への空軍による空襲を開始した。それに先立ってヒトラーは、イギリスに対する和平の働きかけをおこなったが、チャーチルはそれを断固拒否する態度をとった。ヨーロッパ大陸でのドイツの勝勢をみてドイツとの和平に心を動かされた閣僚も存在したことは確かであるし、イギリスの右派歴史家のなかには、イギリスがこのヒトラーの和平提案を受け

▼フランス敗戦　一九四〇年六月のフランス敗戦に先立つ五月末から六月初めにかけて、フランスの港ダンケルクからイギリスに向けて、イギリス軍約二三万人、フランス軍など約一一万人の撤退作戦がおこなわれた(ダンケルク作戦)。またフランスの敗戦後、ド・ゴールはロンドンに「自由フランス政府」という亡命政府を設立した。

ロンドン空襲　ロンドン中心部の空爆現場を視察するチャーチル。

▼**セント・ポール大聖堂**　ロンドン中心部の金融街(シティ)にある壮大な聖堂。最初の聖堂は七世紀に建てられたが、その後火災などで改築を繰り返し、現在の聖堂は一六六六年のロンドン大火ののち、建築家クリストファー・レンによって再建されたものである。ロンドン空襲にさいして、チャーチルはこの大聖堂を守ることを非常に重視した。

入れていれば、大陸ヨーロッパを支配するドイツと海外帝国を支配するイギリスとの共存が実現し、世界の大国としてのイギリスの位置を守れたはずだといった議論もあるが、そうした選択肢は現実にはありえなかった。

イギリスに対するドイツの空襲は、執拗《しつよう》に続けられた。なかでもロンドンは度重なる空襲によって大きな被害をこうむり、セント・ポール大聖堂▲なども空襲の対象となった。空襲がもっとも激しかった一九四〇年九月から十月にかけては、一万二〇〇〇人近くの市民(その五分の四はロンドン市民)が犠牲となった。十一月には、工業都市コヴェントリーが爆撃の対象となったが、そのときに破壊された教会の姿は今なお保存され、空爆のすさまじさを伝えている。ドイツ側はこうした空襲でイギリスの人々の士気をまず挫《くじ》いておいてからイギリス上陸作戦をおこなおうと考えていたが、人々の士気は衰えることなく、家を失った人々は地下鉄の駅構内を仮住まいにするなどして空襲に耐えた。この抗戦は、「イギリスの戦い」(バトル・オブ・ブリテン)と呼ばれ、その戦いを鼓舞するためにチャーチルは議会で、「人類の争いという場で、これほど多くの人がこれほど多くのことをこれほど少数の人々に負ったのは初めてである」と、のちの

▼武器貸与法　アメリカの防衛にとって重要な国々に、武器・軍需物資を貸与する権限を大統領に与える法律で、一九四一年三月に成立した。中立志向が強かったアメリカ世論のなかでは反対意見も多かったが、ローズヴェルト大統領が熱心に推進した。

▼大西洋憲章　領土不拡大、民族自決、貿易の機会均等、労働・生活条件の改善、軍備縮小、海洋の自由、新たな国際機構の創設などが謳われた。この憲章が、一九四二年一月の連合国共同宣言の基礎となった。写真は会談におけるローズヴェルト(左)とチャーチル。

ちまで語り継がれる名言を発した。

フランスが降伏してしまったあと、こうして孤立した戦いをしいられていたチャーチルは、武器貸与法▲制定などでイギリスを支援しつつも中立の立場に固執していたアメリカを戦争に引きいれるべく苦慮していたが、それが実現しないまま、一九四一年六月にはドイツがソ連を攻撃して独ソ戦がはじまり、イギリスは孤立した状態を抜け出した。ソ連の共産主義体制はチャーチルにとって忌むべきものであったが、ここでチャーチルはイデオロギーよりも現実のパワーを重視し、ソ連の戦いを支持する姿勢を明確に示した。

独ソ戦によって戦況が大きく変化するなかで、一九四一年八月、チャーチルは戦艦プリンス・オブ・ウェールズで大西洋をわたり、ニューファンドランドの沖合で、アメリカのローズヴェルト大統領と会談し、その結果として大西洋憲章▲が公表された。この文書は、事実上、第二次世界大戦における英米側の戦争目的宣言という性格をもち、アメリカは参戦にはまだ踏みきらないまでも、イギリスの戦争へのコミットメントを決定的なものにしたのである。

民族自決を謳《うた》った大西洋憲章の第三項目(「両者(ローズヴェルトとチャーチル)

は、すべての国民に対して、彼らがその下で生活する政体を選択する権利を尊重する。両者は、主権および自治を強奪された者にそれらが回復されることを希望する」）は、ローズヴェルトの考えにそった項目であった。ただし、ここにある「主権」という言葉はローズヴェルトの原案にはなく、憲章の作成過程においてチャーチルが加えたものである。インドのある歴史家はこの点を重視して、チャーチルの意図は、この条項の適用範囲をはじめからフランスやポーランドなどナチ・ドイツの支配下にはいる以前に独立した主権国家であった地域に限定することにあった、と主張している。たしかにチャーチルはイギリスに戻ってから、憲章のこの部分は、「インド、ビルマやイギリス帝国のその他の部分」の将来についてのイギリスのこれまでの政策に影響をおよぼすものではなく、「イギリス国王に忠誠を誓っている地域や住民の自治制度の進展」とはまったく別問題であると、わざわざ議会で言明したのである。

ドイツとの戦いにあたって、イギリスは第一次世界大戦時同様、帝国内諸地域の協力を求めていたが、さきの大戦ではイギリスの戦争を援助したインドで、国民会議派が、インド独立についての約束がえられなければ戦争協力には応じられないという反応をしたのに対し、イギリス政府はそうした約束はできないという態度をとり続けていた。これはチャーチルの考えに合致する態度であり、「大西洋憲章」第三項への留保も、その姿勢を反映していたのである。

帝国護持の戦争

アメリカ合衆国のイギリス支援の姿勢は、この大西洋会談などでますます明確になった。しかしそれでもなお、アメリカは戦争への直接参加から距離をおいていた。その状況を変えアメリカの参戦をもたらしたのが、一九四一年十二月八日（アメリカ時間では七日）の、日本軍による英米領土の攻撃であった。ハワイの真珠湾（パール・ハーバー）への奇襲はよく知られているが、その約一時間前に日本軍はイギリス領マレー半島東岸のコタバルに対する攻撃をおこなっている。チャーチルはイギリスやアメリカに対するこの日本の動きを知ったとき、「これで結局我々の勝ちが決まった」と安堵の念を示した。これによってアメリカが参戦し、ドイツへの抗戦を続けていたソ連も加え、戦争勝利に向けての条件が生まれてきたと考えたのである。

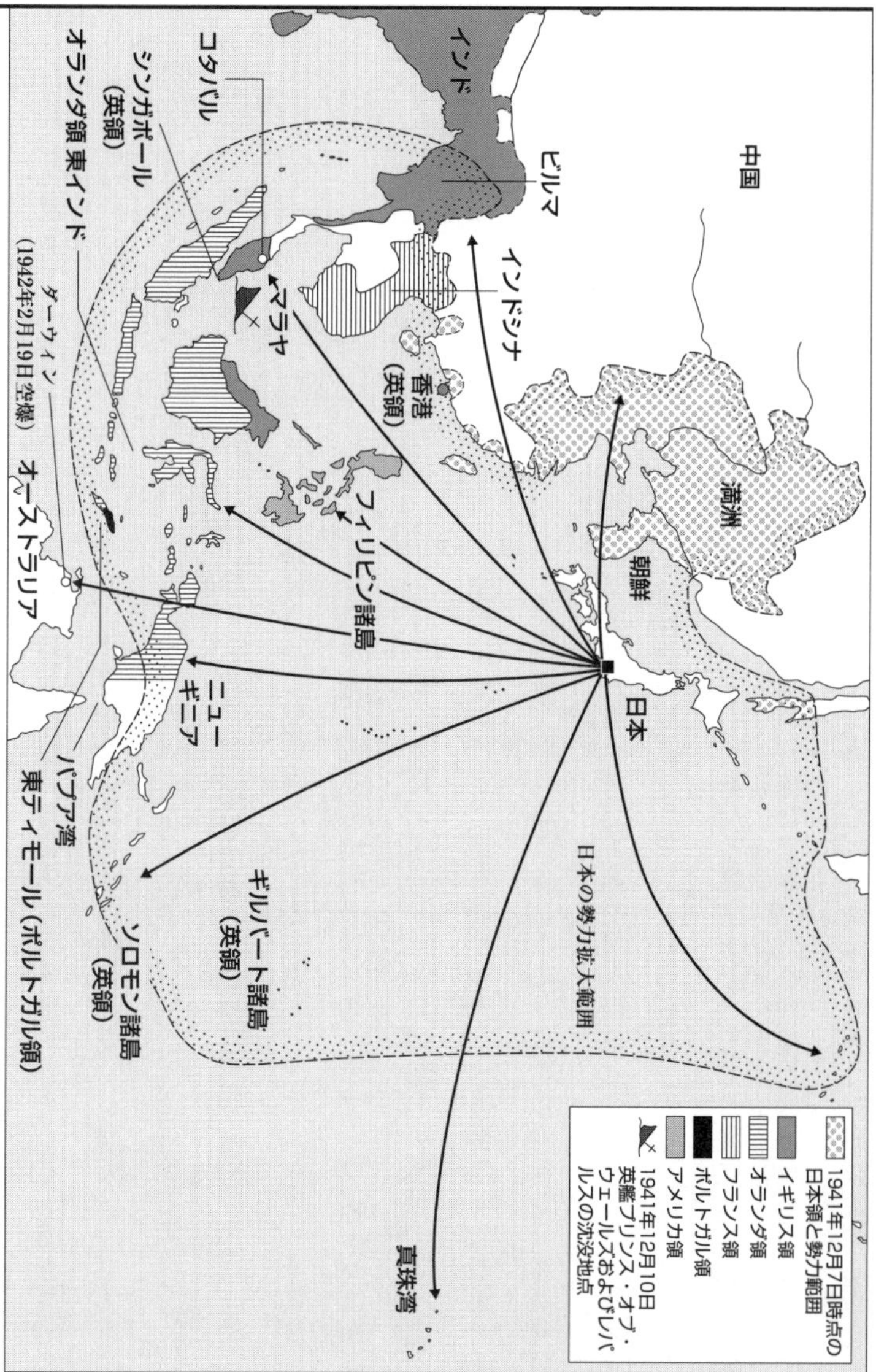

●一九四二年八月までの日本の攻勢

しかし、アジア・太平洋における日本の軍事行動は、当初そうしたチャーチルの思惑を裏切るかたちで進んでいった。それをまずはっきりと示したのが、マレー半島やシンガポール防衛のために彼が太平洋方面に派遣した戦艦プリンス・オブ・ウェールズ(同年八月に、大西洋会談のためチャーチルをニューファンドランドに運んだ戦艦である)と巡洋戦艦レパルスが、十二月十日に日本軍の攻撃によって撃沈されたことである。とりわけ四一年に使われはじめたばかりの最新鋭の主力艦であったプリンス・オブ・ウェールズがいとも簡単に撃沈されてしまったことは、チャーチルには激しい衝撃であった。

衝撃はそれにとどまらなかった。一九四二年になると、さらに大きなショックに彼はみまわれることになる。日本軍がマレー半島を急速に制覇し、さらにイギリス帝国の軍事的要ともいえるシンガポールを攻略したのである。一月三十一日から開始されたシンガポールへの攻撃に直面して、二月十日、彼は現地軍に向けて「いかなる犠牲を払ってでも戦闘は完遂」されなければならず、イギリス帝国の名誉を守るために将校たちは兵とともに死ぬ覚悟をしなければならない、と打電した。しかし、イギリス軍はもちこたえられず、二月十五日、

シンガポール降伏　降伏交渉に赴く英軍軍使一行。

日本軍に対して降伏した。

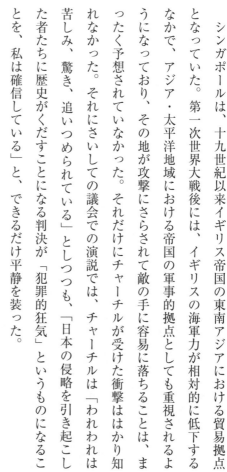

　シンガポールは、十九世紀以来イギリス帝国の東南アジアにおける貿易拠点となっていた。第一次世界大戦後には、イギリスの海軍力が相対的に低下するなかで、アジア・太平洋地域における帝国の軍事的拠点としても重視されるようになっており、その地が攻撃にさらされて敵の手に容易に落ちることは、まったく予想されていなかった。それだけにチャーチルが受けた衝撃ははかり知れなかった。それにさいしての議会での演説では、チャーチルは「われわれは苦しみ、驚き、追いつめられている」としつつも、「日本の侵略を引き起こした者たちに歴史がくだすことになる判決が「犯罪的狂気」というものになることを、私は確信している」と、できるだけ平静を装った。
　シンガポール陥落の影響がいかに大きかったかは、インド独立問題への対応の変化にあらわれた。マレー半島、シンガポールが日本の占領下にはいったことは、日本の攻撃が次にはインド方面に向かう可能性があることを示した。インドの民族運動が望んでいる独立付与についてイギリス政府がそれまでどおり消極的な姿勢をとり続けた場合、日本軍の攻撃にさらされる状況下でインドの人々がイギリスから離反していくことも考えられたのである。インドのイギリスへの戦争協力を国民会議派をも含むかたちでかためていくことを喫緊の課題と考えたチャーチルは、そこで従来の姿勢を転換してインドに対して独立付与の約束をおこなう決断をした。そのため、四二年四月、クリップス▲を団長とする使節団（クリップス使節団）がインドに派遣され、戦争が終わったあとインドを独立させて自治領にすることを確約したのである。これは従来のイギリスの姿勢からみれば、大きな譲歩であった。しかし、たとえ戦争遂行中であってもすぐに独立の方向に進むことを望んでいた国民会議派にとってはこの提案は不十分なものであり、国民会議派は戦争非協力の姿勢を継続し、「クウィット・インディア」（「インドを立ち去れ」）運動▲を展開していった。

　クリップス提案で譲歩はしたものの、チャーチルにせよ、インド・ビルマ担当相であった彼の若いときからの友エイマリにせよ、インド側が求めるように戦時中であってもすぐに自治を認めるという方向に踏みきる考えはまったくなかった。オックスフォード大学の代表的な帝国史家クープランド▲は、雑誌『ラウンドテーブル』▲で、戦時中にインドに自治を与えることについてチャーチル

▼スタフォード・クリップス（一八八九〜一九五二）　イギリスの政治家。弁護士をへて、一九三一年労働党の下院議員となり、将来を嘱望されたが、宥和政策に反対するなかで共産党などとの人民戦線結成を提唱したため、三九年に労働党から除名された。四〇年、首相に就任したチャーチルによって駐ソ連大使に任命され、その職を退いた直後にインドに派遣された。戦後は、アトリー内閣で、商務相・蔵相を歴任した。写真右はインドに派遣され、ネルー（左）と談笑するクリップス。

▼「インドを立ち去れ」運動　一九四二年八月八日にガンディーによって開始された反英不服従運動で、イギリスに対してインドからすぐに立ち去ることを求めた。イギリス側は、ガンディーをはじめとする国民

やエイマリが懸念しているのはまったく理解できないとして、「数年すれば「インドから」手を引くことになっているのに（中略）インドの指導者が内政を今実際に牛耳ることに何の問題があるのだろう」と、当然ともいえる疑問を発している。しかし、そうした声に耳を貸す準備はチャーチルにはなかった。

　チャーチルは、この戦争をイギリス帝国解体の序章にはしたくないという気持ちを極めて強くいだいていたのである。そのような姿勢を示すものとしてよく引かれる一九四二年秋の演説で、彼は、「私はイギリス帝国解体の采配をふるうために首相になったわけではない」と語った。

　帝国護持をあくまで重視する態度は、実際の戦争遂行の方法にも反映された。ヨーロッパでの戦争において、ソ連のスターリンは、西側のフランスから軍隊を上陸させてドイツの戦力をそちらにもさかせ、独ソ戦線の負担を軽減させてほしいと、「第二戦線」形成の要望を繰り返し米英に突きつけたが、チャーチルはそれに消極的態度をとり続けた。そこには、フランス上陸作戦よりも、イギリス帝国の権益確保につながる地中海・中東方面での作戦のほうを重視しようとする帝国護持の思惑が働いていた。またアジア・太平洋でも、ヨーロッパ

会議派の指導部をほとんど逮捕したが、運動は終息しなかった。

▼レジナルド・クープランド（一八八四〜一九五二）　一九二〇年から四八年までオックスフォード大学で植民地史担当の教授を務め、アフリカ史やインド史についてすぐれた業績を残した。

▼『ラウンドテーブル』　イギリスによる南アフリカ統治で大きな役割を演じたアルフレッド・ミルナーの影響を受けた人々が一九一〇年から発行を開始した雑誌で、イギリス帝国内における情報交換と、調和がとれたかたちでの帝国の発展を目的とした。

▼**ベンガル飢饉**　一九四三年から四四年にかけてベンガル地方で生じた飢饉で、死者は一五〇万人から三〇〇万人にのぼった。数年来の不作が原因であったが、日本軍がビルマを占領したことによってビルマからの米の供給がとまったという要因も大きかった。

での戦争の帰趨《きすう》がみえてきた時点での対日戦へのイギリスの最終攻撃の経路をめぐって、軍部がオーストラリアから北上する線がよいとしたのに対し、チャーチルはインドからビルマ、スマトラへと東に向かう作戦を進めようとした。ここにも、シンガポールを奪回し、ひいてはアジア太平洋でのイギリス帝国の威信を再確立しようとする彼の姿勢があらわれていた。

帝国解体を阻止し帝国を守ろうとするチャーチルの決意はまた、帝国内においてイギリスの戦争に協力しようとしなかった国への対応へも看取できる。

南北分割にチャーチルも一役買ったアイルランドでは、独立したアイルランド自由国が、一九三七年には国名をアイルランド(アイルランド語でエール)と変え、実質的に共和国の体制をとるにいたり、戦争にさいしては中立を宣言し、イギリスへの協力を拒み続けた。チャーチルはそれに怒り、アイルランド向けの物資輸送船のチャーターを不可能にしたり、食糧・石炭・鉄鋼などのアイルランド向け輸出を、表向きはイギリス側の物資不足という理由でとめたりした。また、さきに述べたようにクリップス使節団の提案にもかかわらず戦争非協力姿勢を貫いたインド国民会議派に対しては、ガンディーなど指導者を投獄する

▼**ヤルタ会談**　一九四五年二月にクリミア半島のヤルタで開かれた、アメリカ・イギリス・ソ連の首脳会談で、国際連合憲章草案・ドイツ占領政策などが討議されたほか、ドイツとの戦争終了後のソ連による対日参戦についての秘密合意もなされた。写真前列左より、チャーチル、ローズヴェルト、スターリン。

措置にでた。

インドをめぐっては、戦争状況が深刻化させたベンガル地方での大飢饉▲にさいして、救済のための物資輸送に船舶を用いることが提案されたさい、チャーチルは、「いずれにしたところで食糧不足のベンガル人が飢えるのは、頑丈で健全なギリシア人の飢えに比べればたいしたことではない」とし、飢餓があったところで、インド人は「兎のように」繁殖を続けていくだろうとも語っていた。帝国に向けたチャーチルの視線をよくうかがわせる事例であるといえよう。

このような姿勢を保ち続けてチャーチルが指揮した戦争は、一九四五年、終結を迎えた。四五年初め、戦争の勝敗が完全に明白になっているなかで開かれたヤルタ会談▲にさいし、彼は「四〇、五〇の国がイギリス帝国の屋台骨に物欲しげな指を突っ込んでくる事は断じて許さない」と述べている。しかし、四五年七月の総選挙で保守党が敗れたため、戦争終結直後のイギリスを、したがってイギリスの対帝国政策を、彼は指導することができなかった。

④―それでも帝国は解体した

野党党首の時代

一九四五年七月の総選挙は、ドイツ降伏後ではあったものの、アジア・太平洋における日本との戦いがまだ継続していた時期におこなわれた。戦争遂行の先頭に立ってイギリスを勝利に導いてきたという自信をもっていたチャーチルは、この選挙で敗北することになるとは考えていなかった。しかし、戦争に疲れた有権者、とくに三五年の前回選挙以降新しく選挙権をえた若い人々は、四二年末の「ベヴァリッジ報告書」▲で国民に約束された社会改革に積極的とはみえないチャーチル指導下の保守党よりも、改革の党というイメージを打ち出した労働党のほうを選んだ。選挙戦のなかで、チャーチルが労働党全国執行委員長であった政治学者ラスキ▲を「あか」呼ばわりしたことも裏目にでたといわれている。その結果、労働党党首で戦時中は副首相を務めていたアトリーを首相とする労働党内閣が成立し、折から開催中のポツダム会談▲にも、チャーチルにかわってアトリーが出席することになった。

▼**「ベヴァリッジ報告書」**　イギリスの経済学者ベヴァリッジを委員長とする政府委員会が一九四二年十二月に出した報告書で、均一拠出・均一給付の原則による統一した年金制度の導入などを提案し、福祉国家体制の基礎となった。

▼**ハロルド・ラスキ**（一八九三〜一九五〇）　イギリスの政治学者。多元的国家論という理論などを提唱した。熱心な労働党員で、一九四五年から四六年まで全国執行委員長をつとめた。

▼**ポツダム会談**　一九四五年七月十七日から八月一日までベルリン近くのポツダムで開かれた、アメリカ・イギリス・ソ連の首脳会談で、日本との戦争の終結問題やドイツ・東欧の戦後処理問題などが討議された。この会談の途中の七月二十六日に、アメリカ・イギリス・中国によって、日本の降伏条件を提示したポツダム宣言が発せられた。

アトリー労働党内閣は、石炭・航空・電気・鉄道・ガス、さらには鉄鋼など、主要産業を国有化する一方、国民を包括的にカバーする均一拠出・均一給付の原則による社会保険制度の整備、すべての人々が無料で医療を受けられるようにする国民医療制度の実施など、福祉国家の仕組みを整えていった。一方外交面では、アメリカ合衆国と足並みをそろえて、一九四七年から深化していった冷戦体制における西側陣営の主要メンバーとなり、帝国政策では、戦争中のクリップス使節団の約束にしたがってインドへの独立付与に向けての交渉にはいり、四七年八月にはインドを独立させた。

チャーチルは、野党党首としてこの変化に対峙していくこととなったが、政治的活動と並んで当時彼が力をいれたのが、第二次世界大戦史の執筆であった。本書でも紹介してきたように、彼は若いときから自らが関わった戦争について本を執筆してきた。第一次世界大戦をめぐっても、『世界の危機』という著作を出している。その彼が、自らが中心となっている大戦について執筆することを戦争中から考えていたことはまったく不思議でない。そのため、首相退任前の閣議で、彼はその執筆に有利な規則を決めていた。それによって、閣僚は退任にさいして在任中に自分が書いた文書を持ち出すことができるようになり、退任後も調査目的で在任期間中の政府文書を閲覧することができるようになったのである。そうした特権を利用し、さらに歴史家ディーキン▲などの助力をえて、チャーチルは膨大な第二次世界大戦史を書きあげた。この本は、一九五三年に彼がノーベル文学賞を受賞する最大の理由となった。

　また野党党首時代のチャーチルの活動としてよく知られているのが、四六年三月に、アメリカ合衆国ミズーリ州のフルトンでおこなった演説である。その演説で彼は、「バルト海のシュチェチンからアドリア海のトリエステまで、鉄のカーテンがおろされている」と述べ、翌四七年に本格化していくことになる冷戦の到来を指し示したのである。また同じ年の九月には、スイスのチューリヒにおける演説のなかで、「ヨーロッパの家族を再び作るための最初の一歩は、フランスとドイツの間のパートナーシップでなければならない。（中略）戦いは止まっている。しかし危険は止まることはない。もしわれわれがヨーロッパ合衆国、あるいはいかなる名前であれそのようなものをつくろうとするならば、今始めなければならない」と、ヨーロッパの統合を提唱した。

▼ウィリアム・ディーキン（一九一三〜二〇〇五）　イギリスの歴史家。第二次世界大戦中はイギリスの情報機関「特殊作戦執行部ＳＯＥ」に属し、ユーゴスラヴィアにパラシュート降下して、ティトーの率いるレジスタンスとの連絡などにあたった。戦後は、オックスフォード大学に新設されたセント・アントニーズ・カレッジの初代学長を長く務めた。

三つのサークル

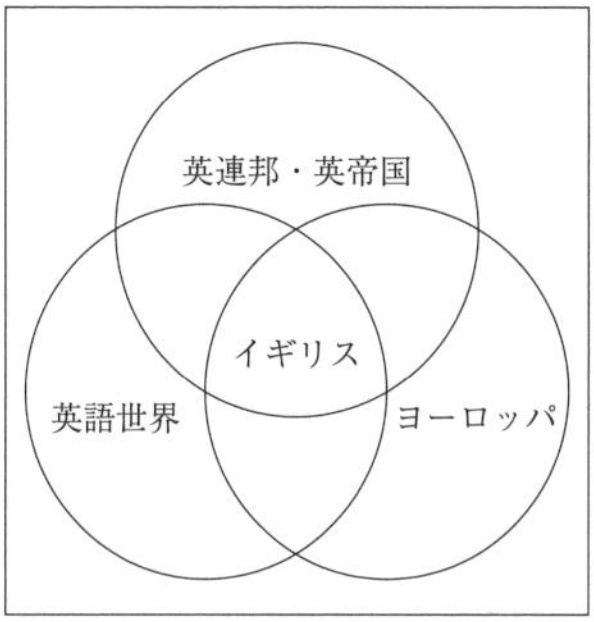

国際政治に関わるこうしたチャーチルの演説の背景には、戦後世界でイギリスが演じるべき重要な役割についての信念が存在した。そのイギリスの重要性を、彼は三つのサークルという形で説明した(上図)。三つのサークルとは、第一に英連邦(コモンウェルス)・イギリス帝国、第二に英語世界(アメリカ合衆国など)、第三に統一されたヨーロッパである。イギリスはこの三つのサークルすべてに加わっていることで、国際関係における力を発揮できると彼は考えた。ここで注意すべきは、彼にとって三つのサークルが等価なものでは決してなかったという点である。チャーチルにとってもっとも重要であったのは、英連邦・イギリス帝国のサークルであった。すでにみたように、両大戦間期にイギリス帝国の自治領がイギリスと建前上は平等な位置に立つかたちで英連邦がつくりだされたさい、チャーチルはそれが気に入らなかったが、すでに英連邦は既成事実となっていた。その帝国・連邦がなによりも大切だったのであり、ヨーロッパ合衆国の提唱も、イギリス帝国の盟主としてのイギリスの位置をあくまでも前提としたものであった。

しかし、帝国のまとまりは、第二次世界大戦をへてゆらぎつつあった。チャ

▼**チャタム卿**（ウィリアム・ピット、通称大ピット、一七〇八〜七八）イギリスの政治家。一七三五年に庶民院（下院）議員となり、ウォルポール首相の外交を軟弱と批判して頭角をあらわし、五六年からの七年戦争が始まると事実上の首相として強力な戦争指導をおこなった。六六年に首相に就任、さらに初代チャタム伯爵となって貴族院（上院）に移ったが、首相としての業績にはみるべきものがなかった。

▼**イスラーム教徒居住地域の分離独立問題**　インドに住むイスラーム教徒の民族運動組織全インドムスリム連盟は、第二次世界大戦にさいして、国民会議派とは対照的にイギリスの戦争に積極的に協力した。一九四〇年三月のラーホールでの大会で、イスラーム教徒が多く住む地域をインドから分離して独立国家とすることを目標に掲げ、戦後のイギリス政府との交渉でもそれに固執した。一方、国民会議派は統一したかたちでのインド独立をめざして交渉に臨んだ。

ーチルは、ヨーロッパ合衆国演説の少しあとの一九四六年十二月の下院における演説で、十八世紀にチャタム卿▲が政権を握っていた時代にはイギリスの「領土拡大に追いついていくためには朝早く起床する必要があった」が、今ではそのまったく逆で、「アメリカからの借金と同じような速さでイギリス帝国が失われていっているように思われる」と慨嘆している。第二次世界大戦で大量の戦費を使ったイギリスは、戦後財政破綻状態になり、アメリカからの借款に依存しなければならなかったが、チャーチルはその状況と帝国支配の弛緩状況とを重ね合わせていたのである。

帝国をめぐる戦後の変貌のうち、その当時もっとも大きな問題であったのは、インドの独立であった。すでにふれたように、労働党政権下でインド側との交渉は始められたが、イスラーム教徒居住地域の分離独立問題▲をめぐる意見の違いなどで進展がみられぬまま、インド内ではヒンドゥー教徒とイスラーム教徒の流血をともなう衝突が激化し、情勢は不安定化した。そうした状況に直面したアトリー政権は、一九四七年二月、マウントバッテン卿をインド総督に任命し、四八年六月までに独立を達成させるという任務を与えた。マウントバッテ

●―**インドの独立**　独立の翌日にデリーでの式典で演説するネルー(左、壇上の人物)。

●―**マウントバッテン卿**(ルイス・マウントバッテン、一九〇〇〜七九)　イギリスの海軍軍人。ヴィクトリア女王の曾孫。一九四三年から連合国軍の東南アジア司令部の最高司令官として、日本との戦争を指導した。最後のインド総督を務めたのち、参謀総長などを歴任、七九年にアイルランド共和国軍(ＩＲＡ)のテロによって暗殺された。

ンは精力的にインド側と交渉し、結局予定の期限よりはるかに早く、四七年八月十五日にインド、パキスタンという二つの国の独立が実現することになったのである。

一九二〇年代末から三〇年代初めのインド統治法をめぐる論議で示されたように、チャーチルはイギリスのインド支配力を弱めることに反発しており、大戦中には不利な戦局のもとでやむなく将来のインド独立を認めるにいたったものの、それが現実になるにさいしては、極めて強い不快の念を示した。マウントバッテン任命後、一九四七年三月には、下院において、「イギリス帝国が音を立てて崩れ、その全栄光とそれが人類に奉仕してきたことのすべてが失われていくのを、私は深い悲しみをもって見守っている」と、慨嘆している。

一方、同じく激しく動揺していたパレスティナがイギリスの手を離れていくことについては、チャーチルは異議を唱えなかった。パレスティナでは、ユダヤ人国家の設立を求めて反英テロに訴えるシオニストと、ユダヤ人国家樹立にあくまでも反対するアラブ諸国の間にはさまれて、イギリス政府が統治の継続をあきらめ、アメリカ合衆国に事態収拾の主導権を委ねる事態となっていた。

▼**中東戦争**　第一次中東戦争と呼ばれることになるこの戦争はイスラエルが優勢のうちに終わった。イスラエルをめぐっては、さらに一九五六年に第二次中東戦争（スエズ戦争）が、六七年に第三次中東戦争が、七三年に第四次中東戦争が起こった。

その結果、一九四七年十一月に国際連合でパレスティナ分割決議が成立し、四八年にイスラエルが成立したのである。しかし、周辺のアラブ諸国はそれを認めようとせず、すぐに中東戦争▲が勃発した。もともとシオニストに同情的であったチャーチルは、第二次世界大戦中には、シオニストのテロによって親友を殺害されるという経験をしていたものの、パレスティナ分割を支持したのである。そして四八年秋には、イギリス政府がイスラエルを早く正式承認するように呼びかけるとともに、分割がもっと早く戦後すぐにおこなわれていれば、アラブ側にとっても条件はよりよいものになっただろうと論じている。ちなみにイギリスがイスラエルを正式承認したのは五〇年四月であった。

老首相のあがき

チャーチルの野党党首としての時代は、一九五一年十月に終わりを迎えた。その月の下院選挙の結果、保守党が勝利し彼は首相に返り咲いたのである。七六歳の老首相であった。イギリス国民は、戦後の経済不振のなかでの統制経済の継続や住宅不足問題などで労働党内閣への不満を深め、前年五〇年の総選挙では労働党をわずかの差で勝利させたものの、労働党が勢力回復をめざして踏みきったこの五一年の選挙では、「国民に自由を」をスローガンとした保守党を政権につけたのである。ただし、議席数での保守党の勝利は小選挙区制の仕組みによるものであり、この選挙でも得票数は労働党のほうが多かった。保守党は、盤石とはいえない基盤のもとで政権を担当することになったのである。そのような条件のもと、チャーチル内閣は、アトリー労働党内閣の路線を基本的には継続する方針をとった。この継続性は、アトリー内閣の最後の蔵相ゲイツケル▲とチャーチル内閣の蔵相バトラー▲の名前を合成した「バッケリズム」という言葉で表現されるようになった。

今回の首相在任期には、チャーチルの老いはおおいかくしようがなかった。度重なる脳卒中の発作▲などにみまわれ、首相としての責務をはたせない時期も長かったのである。そうした状況のなかでめだったのは、五五年四月までの在任期間中八度にわたってアメリカ合衆国にわたったことであり、しかもそのうち四回は往復に時間がかかる船旅であった。これについては、ロンドンの首相官邸からできるだけ離れていたいという気持ちのあらわれであり、彼が首相と

▼ヒュー・ゲイツケル（一九〇六～六三）　イギリスの政治家。経済学の大学講師などを務めたのち、一九四五年に労働党の下院議員となり、一九五〇年から五一年まで蔵相として経済運営にあたった。五五年から六三年までは党首となった。

▼ラブ・バトラー（一九〇二～八二）　イギリスの政治家。一九二九年に保守党の下院議員となり、五一年から五五年まで蔵相、五七年から六二年まで内務相、さらに六三年から六四年まで外相を歴任した。

▼脳卒中の発作　例えば、一九五三年六月には、イタリア首相デ・ガスペリを主賓とする首相官邸での晩餐会において、食後の短いスピーチを終えてから、激しい発作に襲われた。

しての意欲を失っていたことの証左であった、と説明する論者もいる。とはいえ、彼は首相の座を後継者(具体的には外相イーデン、八一頁参照)にすみやかに譲る姿勢をみせることもなかった。十分なリーダーシップをふるうことのないまま首相の座に固執していた、というのが、この時期のチャーチルであったということができよう。

　イギリス帝国を護持しようとする姿勢、帝国を解体させる脱植民地化の加速を押しとどめようとするチャーチルの姿勢に変化はみられなかった。一九五四年夏のチャーチルとアメリカ大統領アイゼンハワー▲の間の次のようなやりとりが、その点をよく物語っている。アイゼンハワーはチャーチルに対し、首相としての任期中になにか特別なことをするとすれば、民族自決という問題に取り組むのがよいと述べた。植民地主義は消えていこうとしているのであり、二五年以内にすべての植民地を独立させるという期限を設けることで、植民地のナショナリズムを西側に引きつけ、ソ連共産主義の抑圧的性格を露呈させることができる、というのがアイゼンハワーの考えであった。ところがそれに対しチャーチルは、「ホッテントット▲による普通選挙などというものには少々懐疑的

▼ドワイト・アイゼンハワー(一八九〇～一九六九)　アメリカの軍人・政治家。第二次世界大戦中、連合軍総司令官として北アフリカ作戦や、ノルマンディー上陸作戦を指揮した。戦後は、一九五〇年から五二年にかけて北大西洋条約機構(NATO)軍の最高司令官を務めたのち、五二年のアメリカ大統領選挙で共和党候補として当選、五三年に大統領となった。二期を終えて六一年に退くさいには、軍産複合体の危険性について鋭い警告を発した。

▼ホッテントット　南部アフリカに住んでいるコイコイ人についての蔑称。ここでは、より広くアフリカ人全般を、軽蔑の念をもって呼んでいるものと考えられる。

である」と述べて、提案を一蹴したのである。実際チャーチルは、イギリスの帝国支配力の減退につながるような動きを、押しとどめようとしていた。

チャーチル内閣が成立する少し前に、オーストラリアとニュージーランドは、日本の軍事的再興を警戒する動機から、アメリカ合衆国との間で安全保障取り決め(アンザス)を結んでいた。チャーチルはそれを、オーストラリアとニュージーランドとイギリスとの間の特別の関係を横取りしようとするアメリカ合衆国の試みであるとみて、一九五二年秋にはそのことへの強い不満を示した書簡をオーストラリア首相に送りつけた。この書簡は、イギリスへの忠誠心の篤《あつ》さをもって知られていたオーストラリア首相メンジーズ▲が、「鼻もちならない」ものであり「帝国という時代遅れの考え」をあらわしていると非難するほどのものであった。チャーチルは、イギリスを除外したアンザスを批判しつつ、イギリスもそれに加わることを望んだが、その思惑は実現しなかった。

　チャーチルがかつて密接に関わった中東情勢も彼をいらだたせた。彼が首相に就任したころ、名目的には独立国でありながら実質的にイギリスによる支配が続いていたエジプトでは、反英機運が強まっていた。それに対し彼は「これ

▼**ロバート・メンジーズ**(一八九四〜一九七二)　オーストラリアの政治家。一九三四年に保守派の統一オーストラリア党連邦議会議員となり、同党の党首として、三九年から四一年にかけて首相を務めた。その後、やはり保守派の自由党を結成して、四九年から六六年まで長期間にわたって首相の座についた。オーストラリアを白人の国としておくという白豪主義を堅持した。

●――**アンソニー・イーデン**(一八九七〜一九七七) イギリスの政治家。一九二三年に保守党の下院議員となり、三五年に外相に就任したが、チェンバレン首相の宥和政策を批判して三八年に辞任した。第二次世界大戦中はチャーチル内閣で再度外相を務め、戦時外交を担った。さらに五一年からのチャーチル内閣では、外相兼副首相となり、五五年にチャーチルのあとを継いで首相の座についた。しかし、五六年のスエズ戦争(第二次中東戦争)を強行したことで、国内外からの批判をあび、辞任に追い込まれた。写真は一九五四年九月のイーデン(右)とチャーチル(左)。

▼**ガマール・アブドゥル・ナーセル**（一九一八〜七〇）　エジプトの軍人・政治家。イギリスによる支配に妥協的な王政を打倒するために、自由将校団を結成し、一九五二年七月王政打倒に成功した。五五年にはアジア・アフリカ会議（バンドン会議）で、非同盟諸国の指導者としての姿をみせた。大統領となった五六年に、イギリス・フランスが所有していたスエズ運河会社を国有化し、スエズ戦争をまねいたが、イギリス・フランスに国際的批判が集まるなかで、かえって声望を高めた。六七年の第三次中東戦争での敗北で、いったん辞意を表明したものの、翻意し、その後在職のまま急死した。

以上生意気なことをするなら、ユダヤ人を仕向けて奴らをドブに叩き込み、二度と浮かび上がれないようにしてやる」と激怒した。しかし、エジプトでは一九五二年七月、陸軍の若手将校によるクーデタが起こり、イギリスに操られているとみられていた国王は国外に追放されることになった。その後、エジプトはスエズ運河地帯からのイギリス軍の撤退を求めたが、エジプトとの交渉に応じようとするイーデン外相などに対し、チャーチルは当初強硬な反対姿勢をみせた。チャーチルは、エジプトへの譲歩は「全世界の前での長い屈辱的な逃走」への道につながると考えていた。しかし、彼はその主張を貫くことはできなかった。ナーセル▲に率いられたエジプト政権との関係維持を重要とみる大勢にチャーチルも最後には妥協し、五四年十月に、有事のさいの再駐留権を条件としてスエズ基地からイギリス軍を完全に撤退させることを認めた条約が締結されたのである。

このころになると、アフリカの各地で独立を求める運動が強まってきた。そのような運動も、彼を戸惑わせた。ケニアのキクユ人について、チャーチルは若いころ、「理性はないが、のんきで素直な子供のようなもので、教化することは可能であり、今彼らが陥っている堕落状態から引き揚げてやることはできる」存在である、と述べたことがあった。彼の首相就任の少しあとから、そのキクユ人たちが「ケニア土地自由軍」と名乗り、イギリス支配に抵抗する激しい闘争を展開しはじめたことは、彼を驚かせるに十分であった。イギリス側は、このキクユ人たちを「マウマウ」と呼んで、激しい弾圧に乗り出していった▲。チャーチルは「マウマウ」の処刑を支持しつつも、イギリスの世論を刺激しないよう慎重な態度をとった。

病とたたかう晩年

チャーチルの侍医であったモラン卿▲は、チャーチルについて綿密な日記をつけていたことで知られている。一九五三年十二月十七日付の日記では、「三日間も続けて、首相は引退の意向をちらつかせる。しかし、引退を強いられる日がくるまでは、彼は首相の椅子を投げ出すまいと思う」と記している。たしかにチャーチルはその後も首相の座に固執し、モランに辞任の決意をもらしたのは、五五年二月半ばのことであった。そして、五五年四月にチャーチルは首相

▼「マウマウ」弾圧　イギリス側は、「マウマウ」の一員とみなした人々に対して、さまざまな拷問を加えるとともに、「マウマウ」の影響力から隔離するために多くのキクユ人を強制的に移住させ、収容所に押し込むという措置をとった。写真は収容所に連行された「マウマウ」の容疑者たち。

▼モラン卿（チャールズ・ウィルソン、一八八二〜一九七七）　イギリスの医師。一九四一年から五〇年までイギリス内科医協会の会長をつとめた。四〇年五月、チャーチルの首相就任直後に彼の侍医となり、彼が死ぬまで健康管理、治療にあたった。

ロンドン、トラファルガー広場でのスエズ戦争反戦デモ（一九五六年十一月）

▼ハロルド・マクミラン（一八九四〜一九八六）　イギリスの政治家。一九二四年に保守党の下院議員となった。五一年からのチャーチル内閣で住宅・地方自治体相を務めて大規模な住宅建設を実施し、さらに国防相、イーデン内閣での外相、蔵相を歴任した。スエズ戦争の失敗によってイーデンが首相辞任を余儀なくされたことで、五七年に首相に就任した。

の位置を退き、イーデンが後継者となった。

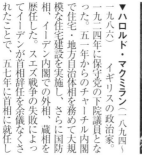

首相辞任後のチャーチルは、二度総選挙で当選し下院での議席は保ったが、めだった政治活動はしなかった。一九五六年からは大著（四巻本）の『英語諸国民の歴史』を刊行（執筆自体は戦前から始まっていた）している。

この一九五六年七月には、エジプトがイギリスとフランスのもとにあったスエズ運河会社を国有化するという行動にでた。スエズ運河の支配権を取り戻すため、イギリス政府は、イスラエルを巻き込むかたちでフランス政府と共謀し、十月末からエジプトに対する武力攻撃を敢行した（スエズ戦争）。しかしこの戦争は、オーストラリアやニュージーランドなどに支持されたのみで、世界各国に非難され、アメリカ合衆国・ソ連がともに批判姿勢をとるなかで、英仏側はすぐに停戦を決断せざるをえなかった。帝国主義の時代であれば当たり前であった帝国支配国の行動が、まったく当たり前ではなくなった時代が到来していたことの証左であったといえる。チャーチルは、イギリスは強硬な態度でエジプトに臨むべきであるという考えを表明していたが、スエズ戦争開始の直前十月二十六日に滞在中の南フランスで脳内血管けいれんの発作に襲われ、右半身がマヒするという状態に陥っていた。イギリス帝国の落日と、それを支えようとし続けてきた老政治家の落日とが、シンクロナイズしたときであった。

イギリス帝国の解体は、その後加速化していく。一九五七年にはマラヤとガーナが独立し、六〇年代になると、アフリカの植民地が続々と独立をとげていったのである。スエズ戦争の失敗後イーデンのあとを継いで首相となったマクミランは、六〇年二月、訪問中の南アフリカにおいて、「この大陸のいたるところで変化の風が吹いている。我々が好むと好まざるとにかかわらず、ナショナルな意識のこの成長は政治的事実である。我々は皆それを事実として受け止めなければならないし、わが国の政策はそれを考慮に入れなければならない」と述べた。これは、新しい時代の様相を示した「変化の風」演説として広く知られることになる演説であったが、それについて聞いたチャーチルは嫌悪感を示した。彼がこの風についていけないのは、明らかであった。

それから五年、チャーチルは一九六五年一月にこの世を去った。そのころには、アフリカ諸国の独立の波は一段落を迎えていたが、チャーチルの死から一〇カ月足らずのちの六五年十一月、南ローデシアの白人政治家スミスは、そう

▼南ローデシア　イギリス帝国の拡大に重要な役割を演じたセシル・ローズにちなんでローデシアと名づけられた南部アフリカの地域は、十九世紀末からイギリス南アフリカ会社の統治下におかれていたが、同社の統治権放棄によって、一九二三年から二四年にかけて、南北二つの植民地となった。そのうち北ローデシアは、六四年にザンビアとして独立した。

▼イアン・スミス（一九一九〜二〇〇七）　南ローデシアの政治家。一九四八年に南ローデシア議会の議員となり、六二年に白人優越主義を主張する政党ローデシア戦線を結成、六四年に首相に就任した。

した流れに抗してアフリカ人による独立を妨げるため、白人支配のままイギリスからの「一方的独立」宣言をおこなうという行動にでた。イギリス政府はそれを認めなかったが、スミスは「一方的独立」を強行し、南ローデシアではアフリカ人による独立運動が続けられていくことになる(最終的には八〇年にジンバブウェとして独立)。

チャーチルが生きていたとした場合、これに対してどのような姿勢をとったであろうか。若い日のアフリカ旅行のさい、イギリスの統治のもとを離れて少数の白人が支配することを懸念した彼としては(三二頁参照)、「一方的独立」を批判したであろうか。それとも、白人支配の継続はまだ必要であるとしてスミスに肩入れしただろうか。もちろんその答えを私たちは持ちあわせない。ただ、スミスの行為が、時代の流れに逆行するものであったことは明らかであった。自分がまったく望んでいなかったかたちでイギリス帝国が崩れ去る過程をそれ以上眺め続けることなく世を去っていったことは、チャーチルにとって幸せだったのかもしれない。

チャーチルとその時代

西暦	齢	おもな事項
1874	0	*11-30* オクスフォード郊外のブレナム宮で出生
1893	18	*8-* サンドハーストの陸軍士官学校入学
1895	20-21	*2-20* 陸軍の第4軽騎兵連隊に入隊。*11-* キューバ旅行
1896	21	*10-* インドに赴任
1898	23	*8-* スーダンでマフディー運動鎮圧作戦に参加
1899	24-25	*10* ～ *12* 南アフリカ戦争に参加して捕虜となったすえ，脱走に成功
1900	25	*10-24* 下院選挙で保守党議員として当選
1904	29	*5-31* 保守党から自由党に移籍
1905	31	*12-5* キャンベル・バナマン内閣で植民地省政務次官に就任
1908	33	*4-12* アスキス内閣で商務相に就任
1910	35	*2-14* アスキス内閣で内務相に就任
1911	36	*10-23* アスキス内閣で海軍相に就任
1914	39	*8-1* 第一次世界大戦開始
1915	40	*5-25* ガリポリ作戦の失敗でランカスター公領相に左遷。*11-12* ランカスター公領相を辞任。*11-18* 西部戦線に従軍
1917	42	*7-17* ロイド・ジョージ内閣で軍需相に就任
1919	44	*1-10* ロイド・ジョージ内閣で陸軍相（空軍相兼任）に就任
1921	46	*2-13* ロイド・ジョージ内閣で植民地相に就任
1922	47	*11-15* 下院選挙で落選
1924	49	*10-29* 下院選挙で「立憲派」候補として議席回復。保守党に復帰。*11-6* ボールドウィン内閣で蔵相に就任
1925	50	*4-28* イギリス金本位制へ復帰
1926	51	*5-5* ～ *13* 石炭業労働者を中心とするゼネストの弾圧を指揮
1929	54	*6-4* 下院選挙での労働党勝利で蔵相を辞任
1935	60	*8-2* チャーチルが激しく反対したインド統治法成立
1938	63	*9-29* ミュンヘン会談。このころ宥和政策反対運動を展開
1939	64	*9-3* 第二次世界大戦開始，ネヴィル・チェンバレン内閣の海軍相に就任
1940	65	*5-10* 首相に就任，労働党も含む連立内閣組織
1941	66-67	*6-22* 独ソ戦開始。*8-14* アメリカのローズヴェルト大統領と大西洋憲章を発表。*12-8* 日本との戦争開始
1942	67	*2-15* 日本がシンガポールを占領。*3-22* クリップス使節団がインドを訪れ，戦後のインド独立を約束
1943	68	*9-8* イタリア降伏
1944	69	*6-6* 連合軍のノルマンディー上陸作戦
1945	70	*5-8* 　ドイツ降伏。*7-7*(結果発表は *7-26*) 下院選挙で保守党が敗北し，首相辞任。*8-15* 日本降伏
1946	71	*3-5* アメリカのフルトンで「鉄のカーテン」演説。*9-19* スイスのチューリヒで「ヨーロッパ合衆国」演説
1947	72	*8-15* インド独立
1951	76	*10-25* 下院選挙で保守党勝利。*10-26* 首相就任
1953	79	*12-10* ノーベル文学賞受賞
1955	80	*4-5* 首相辞任
1965	90	*1-24* 死去

参考文献

河合秀和『チャーチル——イギリス現代史を転換させた一人の政治家』(増補版，中公新書)中央公論社，1998 年

木畑洋一『二〇世紀の歴史』(岩波新書)岩波書店，2014 年

木畑洋一・秋田茂編著『近代イギリスの歴史—— 16 世紀から現代まで』ミネルヴァ書房，2011 年

ピーター・クラーク(西沢保他訳)『イギリス現代史—— 1900-2000』名古屋大学出版会，2004 年

ジョン・コルヴィル(都築忠七他訳)『ダウニング街日記——首相チャーチルのかたわらで』(上・下)，平凡社，1990-91 年

佐々木雄太『イギリス帝国とスエズ戦争——植民地主義・ナショナリズム・冷戦』名古屋大学出版会，1997 年

ウィンストン・チャーチル(中村祐吉訳)『わが半生』(中公クラシックス)中央公論新社，2014 年

ウィンストン・チャーチル(毎日新聞翻訳委員会訳)『第二次大戦回顧録』(全 24 巻)，毎日新聞社，1949-1955 年

鶴見祐輔『ウィンストン・チャーチル』大日本雄弁会講談社，1958 年

A.J.P. テイラー(都築忠七訳)『イギリス現代史』(新装版)，みすず書房，1987 年

冨田浩司『危機の指導者チャーチル』(新潮選書)新潮社，2011 年

ロード・モーラン(新庄哲夫訳)『チャーチル——生存の戦い』河出書房，1967 年

山上正太郎「ウィンストン・チャーチルとその時代」『山上正太郎歴史叙述集　歴史・人間・運命 ［Ⅱ］現代編——大戦の時代』文元社，2000 年

Blake, Robert / Wm. Roger Louis (eds.), *Churchill*, Oxford: Oxford University Press, 1993.

Charmley, John, *Churchill: The End of Glory*, London, Hodder & Stoughton, 1993.

Churchill, Randolph S. and Martin Gilbert, *Winston S. Churchill,* 8vols. (Vols.1-2 by Churchill and Vols. 3-8 by Gilbert), London: Heinemann, 1966-1988.

Churchill, Sir Winston, *The Collected Works of Sir Winston Churchill,* 29 vols., London: Library of Imperial History, 1973-1976.

Farrell, Brian P. (ed.), *Churchill and the Lion City: Shaping Modern Singapore,* Singapore: NUS Press, 2011.

Herman, Arthur, *Gandhi & Churchill: The Epic Rivalry That Destroyed an Empire and Forged Our Age,* New York: Bantam Dell, 2009.

Jackson, Ashley, *Churchill*, London: Quercus, 2011.

James, Lawrence, *Churchill and Empire: Portrait of an Imperialist,* London: Weidenfeld & Nicolson, 2013.

Jenkins, Roy, *Churchill*, London: Macmillan, 2001.

Muller, James W. (ed.), *Churchill as Peacemaker*, Cambridge: Cambridge University Press, 1997.

Paxman, Jeremy, *Empire*, London: Penguin Books, 2011.

Pelling, Henry, *Winston Churchill,* London: Pan Books, 1977.

Reynolds, David, *In Command of History: Churchill Fighting and Writing the Second World War*, London: Penguin Books, 2005.

Toye, Richard, *Churchill's Empire: The World That Made Him and the World*

He Made, London: Macmillan, 2010.
Young, John, *Winston Churchill's Last Campaign: Britain and the Cold War 1951-1955,* Oxford: Clarendon Press, 1996.

図版出典一覧

Amery, Julian, *Joseph Chamberlain and The Tariff Reform Campaign, The Life of Joseph Chamberlain*, Vol.6, *1903–1968*, London: Macmillan, 1969. *26*

Charmley, John, *Churchill: The End of Glory*, London: Hodder & Stoughton, 1993. *2, 9*上・中, *32, 69*

Churchill, Randolph S., *Winston S. Churchill 1874–1965*, Vol.1, *Youth, 1874–1900*, London: Heinemann, 1966. *23*下

Churchill, Sir Winston, *The Collected Works of Sir Winston Churchill*, Vol.1, *My Early Life; My African Journey*, London: Library of Imperial History in association with Hamlyn Publishing, 1973. *25*

Cline, Catherine, *E.D. Morel 1873-1924: The Strategies of Protest*, Belfast: Blackstaff Press, 1981. *46*

Elkins, Caroline, *Britain's Gulag: The Brutal End of Empire in Kenya*, London: Pimlico, 2005. *83*

Foster, Robert Fitzroy (ed.), *The Oxford Illustrated History of Ireland*, Oxford: Oxford University Press, 1989. *40*

Gilbert, Martin, *Winston S. Churchill 1874–1965*, Vol.3, *1914–1916*, London: Heinemann, 1971. *3*

Gilbert, Martin, *Winston S. Churchill 1874–1965*, Vol.5, *1922–1939*, London: Heinemann, 1976. *5*下

Heikal, Mohamed H., *Cutting The Lion's Tail: Suez through Egyptian Eyes*, London: Andre Deutsch, 1986. *84*

Herman, Arthur, *Gandhi & Churchill: The Epic Rivalry That Destroyed an Empire and Forged Our Age*, New York: Bantam Dell, 2009. *29, 51, 60*

Jackson, Ashley, *Churchill*, London: Quercus, 2011. 扉, *9*下, *81*

Jenkins, Roy, *Churchill*, London: Macmillan, 2001. *5*上

Khan, Yasmin, *The Great Partition: The Making of India and Pakistan*, New Haven: Yale University Press, 2008. *75*上

Marwick, Arthur, *Britain in Our Century: Images and Controversies*, London: Thames & Hudson, 1984. *48, 58*

Moynahan, Brian, *The British Century: A photographic history of the last hundred years*, London: Weidenfeld & Nicolson, 1997. *16, 55*上

Toye, Richard, *Churchill's Empire: The World That Made Him and the World He Made*, London: Macmillan, 2010. *13, 23*上, *66*

ユニフォトプレス提供 カバー表, 裏, *6, 55*下, *65, 75*下

木畑洋一（きばた　よういち）
1946年生まれ
東京大学大学院国際関係論専攻博士課程中退
専攻，国際関係史・イギリス帝国史
東京大学・成城大学名誉教授

主要著書

『支配の代償——英帝国の崩壊と「帝国意識」』（東京大学出版会 1987）
『帝国のたそがれ——冷戦下のイギリスとアジア』（東京大学出版会 1996）
『第二次世界大戦——現代世界への転換点』（吉川弘文館 2001）
『イギリス帝国と帝国主義——比較と関係の視座』（有志舎 2008）
『二〇世紀の歴史』（岩波書店 2014）
『帝国航路を往く——イギリス植民地と近代日本』（岩波書店 2018）

世界史リブレット人 97

チャーチル

イギリス帝国《ていこく》と歩《あゆ》んだ男《おとこ》

2016年2月20日　1版1刷発行
2019年4月30日　1版2刷発行

著者：木畑洋一《きばたよういち》

発行者：野澤伸平

装幀者：菊地信義

発行所：株式会社 山川出版社

〒101-0047　東京都千代田区内神田1-13-13
電話　03-3293-8131（営業）8134（編集）
https://www.yamakawa.co.jp/
振替　00120-9-43993

印刷所：株式会社 プロスト

製本所：株式会社 ブロケード

世界史リブレット 人

1 ハンムラビ王 ―― 中田一郎
2 ラメセス2世 ―― 高宮いづみ・河合 望
3 ネブカドネザル2世 ―― 山田重郎
4 ペリクレス ―― 前沢伸行
5 アレクサンドロス大王 ―― 澤田典子
6 古代ギリシアの思想家たち ―― 髙畠純夫
7 カエサル ―― 毛利 晶
8 ユリアヌス ―― 南川高志
9 ユスティニアヌス大帝 ―― 大月康弘
10 孔子 ―― 高木智見
11 商鞅 ―― 太田幸男
12 武帝 ―― 冨田健之
13 光武帝 ―― 小嶋茂稔
14 冒頓単于 ―― 沢田 勲
15 曹操 ―― 石井 仁
16 孝文帝 ―― 佐川英治
17 柳宗元 ―― 戸崎哲彦
18 安禄山 ―― 森部 豊
19 アリー ―― 森本一夫
20 マンスール ―― 高野太輔
21 アブド・アッラフマーン1世 ―― 佐藤健太郎
22 ニザーム・アルムルク ―― 井谷鋼造
23 ラシード・アッディーン ―― 渡部良子
24 サラディン ―― 松田俊道
25 ガザーリー ―― 青柳かおる
26 イブン・ハルドゥーン ―― 吉村武典
27 レオ・アフリカヌス ―― 堀井 優
28 イブン・ジュバイルとイブン・バットゥータ ―― 家島彦一
29 カール大帝 ―― 佐藤彰一
30 ノルマンディー公ウィリアム ―― 有光秀行
31 ウルバヌス2世と十字軍 ―― 池谷文夫
32 ジャンヌ・ダルクと百年戦争 ―― 加藤 玄
33 王安石 ―― 小林義廣
34 クビライ・カン ―― 堤 一昭
35 マルコ・ポーロ ―― 海老沢哲雄
36 ティムール ―― 久保一之
37 李成桂 ―― 桑野栄治
38 永楽帝 ―― 荷見守義
39 アルタン ―― 井上 治
40 ホンタイジ ―― 楠木賢道
41 李自成 ―― 佐藤文俊
42 鄭成功 ―― 奈良修一
43 康熙帝 ―― 岸本美緒
44 スレイマン1世 ―― 林佳世子
45 アッバース1世 ―― 前田弘毅
46 バーブル ―― 間野英二
47 大航海の人々 ―― 合田昌史
48 コルテスとピサロ ―― 安村直己
49 マキャヴェッリ ―― 北田葉子
50 ルター ―― 森田安一
51 エリザベス女王 ―― 青木道彦
52 フェリペ2世 ―― 立石博高
53 クロムウェル ―― 小泉 徹
54 ルイ14世とリシュリュー ―― 林田伸一
55 フリードリヒ大王 ―― 屋敷二郎
56 マリア・テレジアとヨーゼフ2世 ―― 稲野 強
57 ピョートル大帝 ―― 土肥恒之
58 コシューシコ ―― 小山 哲
59 ワットとスティーヴンソン ―― 大野 誠
60 ワシントン ―― 中野勝朗
61 ロベスピエール ―― 松浦義弘
62 ナポレオン ―― 上垣 豊
63 ヴィクトリア女王、ディズレーリ、グラッドストン ―― 勝田俊輔
64 ガリバルディ ―― 北村暁夫
65 ビスマルク ―― 大内宏一
66 リンカン ―― 岡山 裕
67 ムハンマド・アリー ―― 加藤 博
68 ラッフルズ ―― 坪井祐司
69 チュラロンコン ―― 小泉順子
70 魏源と林則徐 ―― 大谷敏夫
71 曾国藩 ―― 清水 稔
72 金玉均 ―― 原田 環
73 レーニン ―― 和田春樹
74 ウィルソン ―― 長沼秀世
75 ビリャとサパタ ―― 国本伊代
76 西太后 ―― 深澤秀男
77 梁啓超 ―― 高柳信夫
78 袁世凱 ―― 田中比呂志
79 宋慶齢 ―― 石川照子
80 近代中央アジアの群像 ―― 小松久男
81 ファン・ボイ・チャウ ―― 今井昭夫
82 ホセ・リサール ―― 池端雪浦
83 アフガーニー ―― 小杉 泰
84 ムハンマド・アブドゥフ ―― 松本 弘
85 イブン・アブドゥル・ワッハーブとイブン・サウード ―― 保坂修司
86 ケマル・アタテュルク ―― 設樂國廣
87 ローザ・ルクセンブルク ―― 姫岡とし子
88 ムッソリーニ ―― 高橋 進
89 スターリン ―― 中嶋 毅
90 陳独秀 ―― 長堀祐造
91 ガンディー ―― 井坂理穂
92 スカルノ ―― 鈴木恒之
93 フランクリン・ローズヴェルト ―― 久保文明
94 汪兆銘 ―― 劉 傑
95 ヒトラー ―― 木村靖二
96 ド・ゴール ―― 渡辺和行
97 チャーチル ―― 木畑洋一
98 ナセル ―― 池田美佐子
99 ンクルマ ―― 砂野幸稔
100 ホメイニー ―― 富田健次

〈シロヌキ数字は既刊〉